平凡社新書
958

戦国北条家の判子行政

現代につながる統治システム

黒田基樹
KURODA MOTOKI

HEIBONSHA

戦国北条家の判子行政●目次

北条家略系図

- （伊勢）盛定
  - 1 宗瑞（盛時）＝小笠原政清娘
    - 2 （北条）氏綱＝近衛尚通娘
      - 3 氏康＝今川氏親娘
        - 氏親
        - 4 氏政＝武田信玄娘
          - 某
          - 5 氏直＝徳川家康娘
          - （太田）源五郎　岩付城主
          - 氏房　岩付城主
          - （千葉）直重　佐倉城主
          - 直定
          - 源蔵
          - 勝千代
          - 女子　千葉邦胤妻
          - 女子　里見義頼妻
        - （大石）氏照　八王子城主
        - 氏規　三崎城主
        - （藤田）氏邦　鉢形城主
        - （上杉）景虎
        - （佐野）氏忠　唐沢山城主
        - 氏光　小机城主
        - 女子　北条氏繁妻
        - 女子　千葉親胤妻
      - 為昌　玉縄城主
      - 氏尭　小机城主
        - 氏忠
        - 氏光
      - 女子　太田資高妻
      - 女子　吉良頼康妻
      - 女子　足利晴氏妻
      - 女子　堀越六郎妻
      - 女子　葛山氏元妻
      - 女子＝
    - 氏時　玉縄城主
    - （葛山）氏広
    - 宗哲　箱根権現別当
    - 女子　三浦氏員妻
  - 弥二郎
  - 女子　今川義忠妻

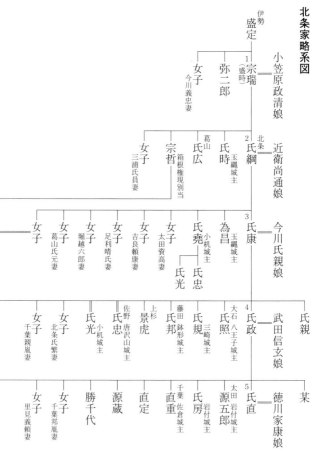

女子（太田氏資妻）
女子（今川氏真妻）
女子（足利義氏妻）
女子（武田勝頼妻）
女子（吉良氏朝妻）
女子（太田康資妻）

女子（庭田重定妻）
女子（上杉氏憲妻）
女子（皆川広照妻）
女子（小山政種妻）

福島九郎 — 北条綱成（玉縄城主）
三郎（小机城主）
氏信（小机城主） — 氏隆
女子（吉良氏朝妻、氏康養女）

綱成の子：
氏繁（玉縄城主）
氏秀（江戸城代） — 乙松丸（江戸城代）

氏繁の子：
氏舜（玉縄城主）
氏勝（玉縄城主）
直重
千葉直胤
女子（上杉氏憲妻、氏政養女）

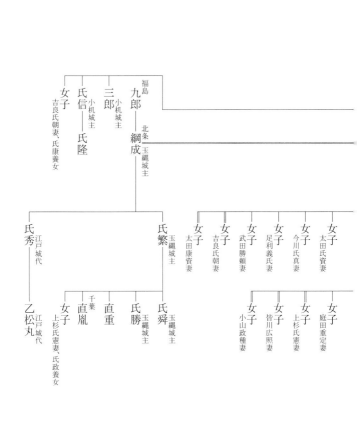

はじめに——現代の統治システムの礎が築かれた戦国時代

戦国北条家が一〇〇年続いたことの意義

本書は、戦国大名北条《ほうじょう》家（小田原《おだわら》北条家）の功績を、現代政治とのつながりという観点に焦点をあてて、あらためて提示するものである。

戦国大名のなかで北条家は、統治した領国の規模といい、存立した期間といい、一つとしてほかの戦国大名に劣ることのない卓越した存在であった。学問の世界では戦国大名の代表的存在と認識され続けている。

ところが、一般の人々には、なぜか馴染《なじ》みの薄い存在に置かれている。北条家の功績がわかりやすく発信されていない、という側面があろう。

そうしたこともあって私は、二〇〇五年以来、北条家を題材にした一般向けの著作を刊行してきた。書名に北条家が入っていないものを含めれば、すでに一四冊に上っている。ここに新たにもう一冊を加えることにした。北条家関係の一般書を刊行するようになってから一五年、一般書として一五冊目となる。

戦国北条家の最大の特徴は、何といっても、五代一〇〇年におよんで関東に一大王国を築いたことにある。いうまでもなく、そのような戦国大名はほかに存在しない。ではその要因はどこにあったとみられるか。現在、私が強く認識し、かつ世間に提示したい三点がある。すなわち、

①民衆を豊かにすることに立脚した統治を実現、継続したこと
②戦国大名のなかで唯一、一度も内乱を生じさせなかったこと
③勝つことではなく、負けない戦争を心がけたこと

である。このうち②は、それをもたらす一族・家臣との絆《きずな》の強さがあったことが想定される。その具体的な仕掛けとして、当主の妻・母の役割があったに違いない（拙著『北条氏《うじ》康《やす》の妻 瑞渓院《ずいけいいん》』中世から近世へ　平凡社、二〇一七年）。③は、北条家の戦争への姿勢といえ

る。武田信玄《たけだしんげん》・上杉謙信《うえすぎけんしん》のように戦争に華々しさがみられないのは、北条家は戦争に勝つことではなく、負けないことを重視していたためと思われる（拙著『北条氏政《うじまさ》』ミネルヴァ書房、二〇一八年）。

本書において主要に取り上げたいのは、①である。もっとも、その内容の基本はすでに『戦国大名の危機管理』（角川ソフィア文庫、二〇一七年）、『百姓から見た戦国大名』（ちくま新書、二〇〇六年）、『戦国大名――政策・統治・戦争』（平凡社新書、二〇一四年）を通じて示してきたものだ。

しかし、本書の目論みは、室町時代までとの違いや、現代社会に受け継がれた事象を、はっきりと具体的に認識できるような内容にすることにある。先の三冊をお読みいただいた方にも、より明確に、前代社会との違いや、現代社会とのつながりについて、認識してもらえるよう叙述していく。

現代に続く「禄寿応穏《ろくじゅおうおん》」の世界

近代以前の、いわゆる前近代において、日本の社会での社会主体であったのは、村・町という集団であった。北条家に限らず、戦国大名による領国統治は、村・町という民衆が形成する地域共同体に立脚するものであった。一般庶民にあたる百姓・町人という納税者身分は、村・町の構成員であることによって、その身分にあった。支配権力に対する納税の主体は、村・町であり、個々の百姓・町人ではなかった。この点は、教科書でも明確に示されていないため、多くの人は誤解している部分といえよう。

そのうえで、一定地域を統治する統治権力が列島の歴史に初めて登場するのが、戦国大名・国衆《くにしゅう》（戦国大名に従属関係を結ぶ領域支配者）という、戦国時代に誕生した領域権力である。統治権力が納税主体の村・町を、直接に統治の対象とするようになったのも、戦国大名からのことであった。すなわち、統治権力が村落に対して直接に命令を通達するという事態は、戦国大名からみられた。

そして、北条家の場合、その際に虎朱印《とらしゅいん》と称される印判を使用した。虎朱印を押捺《おうなつ》した書類を送付したのである。その虎朱印に刻《きざ》まれた印文が「禄寿応穏」であった。

この虎朱印は、戦国北条家の初代・伊勢《いせ》宗瑞《そうずい》（いわゆる「北条早雲《そううん》」。これは江戸時代に生まれた呼称）が、永正《えいしょう》十五年（一五一八）、村落に対して最初に直接に公文書を通知した際に使い始めたものになる。そのことからしてその印文は、村落統治にあたって考案されたものと認識できる。

この印文は、「禄と寿、まさに穏やかなるべし」と訓《よ》み、領民の禄（財産）と寿（生命）を保証して、平穏無事の社会にする、という意味であった。これはつまり、領民の存続を果たし平和を維持する、統治におけるスローガンにほかならない。

現代の国民国家の基本的な性格は、国民の生命と財産を保証することである。これに照らしてみれば、北条家が示したスローガンは、それと同様である。この虎朱印は二代の氏《うじ》綱《つな》以降も、連綿と使用され続けた。さらには、北条家が小田原合戦によって豊臣《とよとみ》政権との戦争に敗北して滅亡する、五代・氏直《うじなお》まで続いた。歴代の北条家当主は、このスローガンを一貫して掲げ続けたのである。

北条氏綱の遺言状

虎朱印の印文以外にも、北条家が領民統治にどのような姿勢をとっていたかを明確に知れるものがある。二代・氏綱が、天文《てんぶん》十年（一五四一）に死去する直前、後継者の三代・氏康《うじやす》に与えた遺言状である。全部で五ヶ条からなり、その要点をまとめると次のようになる。

一条目は、義理を重んじること。たとえ義を違えて一国や二国を経略できたとしても、後代に恥辱をうけることになる。逆に天運が尽きて滅亡したとしても、義理を違えなければ、末世で後ろ指を指されるようなことはない、と言う。さらに、義を守っての滅亡と、義を捨てての栄花《えいが》は、天地ほどの違いであると述べている。

二条目は、家臣から百姓に至るまで気遣いし、適材適所で用いること、役に立つかはどうかは大将の心次第であることをあげている。上代にも賢人というのは稀《まれ》で、ましてや末世にはほとんど望めず、大将でも十分な人物はいないので、見間違い、聞き間違いはどれだけあるだろうか。大夫《たゆう》に能の笛を吹かせ、鼓《つづみ》打ちに舞わせても見るに耐えないが、大夫に舞わせて、笛吹き・鼓打ちにそれぞれを行わせれば、能が成立する、国持《くにもち》大将が家臣を召し遣うのも、このようなことである。

三条目は、家臣は分限《ぶんげん》相応の振る舞いをするのがいい。分不相応の者は百姓・町人に無理な税金を賦課《ふか》しており、やがて村は潰《つぶ》れて百姓は他国に逃げ、留《とど》まる百姓も領主に恨《うら》みをはらそうとし、国中は貧しくなり、結局は戦争に勝てない。現在の上杉家の家中《かちゅう》はそのような状態なので、よくよく心得なければならない。

四条目は、倹約を心がけること。華美《かび》を好めば百姓に重い負担を負わせざるをえない。倹約を守れば、村も豊かになり、戦争に勝てる。「亡父入道殿（伊勢宗瑞）」は、少身から身を興《おこ》して天柱《てんけい》の福人と世間で言われているが、それは天道《てんどう》の冥加《みょうが》であるとはいえ、第一は倹約を守って、華麗を好まなかったことによる。（亡父入道殿は）何事につけ、侍は古風をよしとし、当世風を好めば、たいていは軽薄者とみなされるとおっしゃっていた。

最後の五条目は、手際よく合戦で大勝利すると油断しがちなので、勝って兜《かぶと》の緒を締めるべきだということ。大勝利すると驕《おご》りの心が生じ、敵を侮《あなど》り、不行儀なことを必ず行うものである。そのようにして滅亡した家は、古来多くみられる。この心持ちは万事にあてはまることで、勝って兜の緒を締めるということを忘れてはいけない、と言う。

村落を貧しくしてはいけない

本書で注目したいのは、このうち三条目である。北条氏綱が領民統治に示した姿勢をみることができる。せっかくなので、その全文と現代語訳を掲げることにしたい（原文は和様漢文のため、本書では読み下しで示す。以下の文書《もんじょ》引用についても同様）。なお、一・四・五条目は『北条氏綱』（ミネルヴァ書房、二〇二〇年）に、二条目は『北条氏康の家臣団』（洋泉社歴史新書y、二〇一八年）に掲載しているので、興味のある方はそちらを参照してほしい。

（読み下し）

侍は驕らず諂《へつ》らわず、其《そ》の身の分限《ぶんげん》を守るをよしとす、たとえば五百貫《かん》の分限にて千貫の真似をする者は、多分はこれ手苦労者なり、其の故《ゆえ》は人の分限は天より降《ふ》るにあらず、地より沸くにあらず、知行損亡《ちぎょうそんもう》の事あり、軍役《ぐんやく》多き年あり、火事に逢う者あり、親類眷属《けんぞく》多き者あり、此《こ》の内《うち》一色にても其の身になり来《きた》りなば、千貫の分限は九百貫にも八百貫にもならん、然《しか》るに斯様《かよう》の者は、百姓に無理なる役儀を掛けるか、商売の利潤か町人を迷惑さするか、博奕《ばくち》上手にて勝ちとるか、如何様《いかよう》にも出所あるべき也、此の者出頭人《しゅっとうにん》に音物《いんもつ》を遣わし、能々《よくよく》手苦労を致すに付き、家老も目隠れ、是こそ忠節人よと誉《ほ》むれば、大将も五百貫の所領にて千貫の侍を召し遣い候と目見せよく成り申し候、左候《さそうら》えば、家中加様《かよう》の風儀を大将は御数寄《おすき》候とて、華麗を好み、何とぞ大身《たいしん》の真似をせんとする故、借銀《しゃくぎん》重なり、内証次第に詰まり、町人・百姓を倒し、後は博奕を心に寄せ候、さもなき輩《やから》は衣装麁相《そそう》なれば、此の度《たび》の出仕は如何《いかが》、人馬《じんば》小勢にて見苦敷《し》ければ、此の度の御供《おとも》は如何、大将の思し召しも傍輩《ほうばい》の見聞も、何とかと思えども、町人・百姓を倒し候事も、商売の利潤も、博奕の勝負も無調法なれば是非なし、虚病を構え罷《まか》り出《いで》ず候、左候えば出仕の侍次第次第に少なく、地下《じげ》・百姓も相応に華麗を好み、其の上侍中に倒され、家を明け、田畠を捨て、他国へ逃げ走り、残る百姓は何事ぞあれかし、給人《きゅうにん》に思い知らせんとたくむ故、国中悉《ことごと》く貧にして、大将の鉾先《ほこさき》弱し、当時上杉殿の家中の風儀此《か》くの如くに候、能々《よくよく》心得らるべし、或《ある》いは他人の財を請け取り、或いは親類縁者少なく、又は天然の福人もありと聞く、加様の輩は五百貫にても六、七百貫の真似はなるべき也、千貫の真似は手苦労なくては覚《おぼ》束《つか》なし、去《さ》り乍《なが》らこれ等も分限を守りたるよりは劣り也と存ぜらるべし、貧なる者真似をせば、又々件《くだん》の風儀になるべければ也、

（現代語訳）

家臣は驕らず諂わず（こびへつらわず）、その身の分限を守るのがよい。たとえば、五百貫の分限で千貫の分限の者の真似をする者は、たいていは手苦労をする者である。その理由は人の分限は天から降るのでなく、地から沸くのでなく、所領が損亡（不作）することもあり、軍役《ぐんやく》が多い年もあり、火事にあう者もあり、親類が多い者もあり、このうちの一つでもその身に起こったならば、千貫の分限は九百貫にも八百貫にもな

ってしまう。けれども、そのような者は百姓に無理な役儀を懸けるか、商売の利潤を取り立てて町人を困らせるか、博打が上手で勝ち取るか、どのようにしても資金を捻《ひね》り出す。そうした者は出頭人（側近家臣）に音物を贈って、念入りに手苦労をすることで、家老も見誤り、これこそ忠節人と誉めてしまうと、大名も五百貫の所領で千貫の家臣を召し遣うようで見た目がよくなる。そうすると、家臣団はそのような風潮を大名は好むということで、華麗を好み、どうにかして大身の真似をしようとするので、借銀が重なり、内実は次第に困窮し、町人・百姓を潰し、あとは博打に関心を寄せる。そうではない者は、武装は貧弱になるので、今回の出仕はどうであったか、軍勢も見苦しいので、今回の軍陣へのお供はどうであったか、大名のお考えや同僚家臣からの評判は何とかしようと思っても、町人・百姓を潰したことも、商売の利潤を取り立てたことも、博打の勝負もしくじったことなので仕方がない。仮病で出仕しなくなる。そうなると、出仕する家臣は次第に少なくなり、地下（村落）・百姓も同様に華麗を好み、そのうえ家臣に潰され、（そうなった百姓は）家を明け、田畠を捨てて、他国に逃げ去り、残った百姓はどうにかして給人（家臣）に思い知らせようと企むため、国中がことごとく貧しくなり、大名の鉾先は弱くなる。現在の上杉殿の家臣団の風潮はこのようなものである。念入りに心得なさい。あるいは他人の財産を獲得し、或いは親類が少なく、または天性の福人もあると聞く。そのような者は五百貫でも六、七百貫の真似をすることはできる。千貫の真似は手苦労しなければ見込みはない。しかしながら、こうした場合も分限を守るよりは劣る行為と思いなさい。困窮した者が真似をすると、またまたそのような風潮になってしまうからである。

ここで氏綱は、村落が貧しくなると領国が困窮し、ひいては戦争でも弱くなることを、氏康に伝えている。そのため、村落が貧しくならないよう、家臣への対応が重要であると説く。氏綱は、戦国大名という統治権力の存立が、領国の村々の状況に規定されることを、十分に自覚していたのであった。

現代の統治システムの原点

北条家は、戦国大名としての存立が、領国の村々の状況に規定されることを自覚していた。そのため、統治の方針として、「領民の生命・財産の保証と平和な社会の実現」を掲げていた。別の言葉で表現すると、「村の成り立ち」を保証することである。村落の安定的存続、これを私は「村の成り立ち」と呼んでいる。

北条家はこの「村の成り立ち」の実現のために、統治政策の更新を重ねていくのであった。更新は、災害・飢饉・戦争といった社会的危機に瀕《ひん》するたびに行われ、災害などからの復興政策として実行された。その結果として構築された領国統治の仕組みは、実はその後の近世大名における仕組みと基本的に変わるところはないといってよい。北条家はおよそ一〇〇年後に体制化するような領国統治の仕組みを、いちはやく作り上げた存在であったといえる。

一般的に、江戸時代につながる近世社会を作り上げたのは、いまだ「天下人」織田信長・羽柴（豊臣）秀吉の政策によるものと思われている。実際、現行の教科書にもそのような文脈で記されているから、多くの人々がそのような認識になるのは仕方のないことである。しかし、実態は異なっている。統治権力による領民統治の基本的な仕組みは、信長・秀吉によって作り出されたのではなかった。すでに、戦国大名によって作り出されていた。そのことを具体的に知ることができるのが、北条家の統治政策である。近世大名と比較することができるほど具体的な内容がわかるのは、むしろ北条家の場合だけといってよい。

さらに注目していただきたいのは、その統治のありようは多くの点で現代の統治システムの原点に位置するものとなっていることである。本書では、そのことをよく認識できる事例を取り上げていく。

第一章では納税通知書と判子文化の成立、第二章では開かれた裁判制度の成立、第三章では一律税率や統一減税などの税制改革、第四章では納税方式と利子付き延滞金の成立、第五章では市場への介入の始まり、第六章では「御国《おくに》のために」という言説による国家への義務の成立、第七章では公共工事の成立、といったことについて取り上げる。これらは、いずれも現代社会においても馴染みのある項目といえるのではなかろうか。

それらをみていくと、現代の社会では当たり前になっていることが、実は戦国大名の統治政策に始まっていることとして認識できるであろう。それはすなわち、北条家の領国統治の仕組みが、現代社会の基礎ないし、起源に位置していることを発見してもらえる機会となるに違いない。

なお、以下の史料集については略号で示した。

『戦国遺文　後北条氏編』戦北
『戦国遺文　今川《いまがわ》氏編』戦今
『戦国遺文　武田氏編』戦武
「小田原北条氏文書補遺・同（二）」（『小田原市郷土文化館研究報告』四二・五〇号）北条補遺

第一章　納税通知書と判子文化の成立

納税通知書の発行は戦国中期から

現代に生きる私たちは、国税や地方税の支払いについて、所得税の源泉徴収や企業を通じての住民税・保険税の納付などの場合を除くと、基本的に政府や地方自治体の所管から、納税通知書が送付されてくる仕組みになっている。重量税や固定資産税などは、雇用元を通じて納付することはないので、必ず送付されてくる。常勤雇用されていない場合には、それこそ住民税や年金・保険税などほとんどの場合について、そうなっているであろう。

このような納税通知書は、政府などの税金の賦課主体が、国民などの納税の主体に対して、この税についてどれだけを納付するように、と命じるものである。その税額も、通知書に示されている以上の額を納付する必要はないが、逆にいえば、通知書が送られてこない税は納付する義務もないことになる。

では、日本の社会で、そのような納税通知書が誕生したのは、いつどのような事情からであろうか。

納税者に対して、統治権力が直接そのような書類を送付する。これを仕組みとして行う最初の事例と考えられるのが、戦国時代中期にあたる永正十五年（一五一八）十月八日

（旧暦、以下同じ）付で、戦国大名小田原北条家の初代・伊勢宗瑞が、領国内の伊豆《いず》長浜《ながはま》村・木負《きしょう》村（静岡県沼津市）に宛てた朱印状である（戦北三五）。これは、虎朱印（印文「禄寿応穏」朱印）と称される朱印判を押捺して出されたものだ。印判を押捺して出された公文書を印判状といい、そのうちで印判の押捺に朱肉を使用したものを朱印状という。ちなみに、墨を使用したものを黒印《こくいん》、染料の藍《あい》を使用したものを藍印などと称している。

その朱印状では、領国の村落に課する税金について、今後、税目と納付すべき税額を、伊勢宗瑞が直接朱印状で通知する旨が、納税主体となっていた村落に通達されている。その具体的な内容と意味については、のちに述べていくことにするが、それまでは賦課主体が直接、納税者に納税通知書のようなものを出していなかったことがわかる。ここに初めて、納税通知書の仕組みが作り出されたのであり、その基本的なあり方は、現在まで継続されている。

永正十五年伊勢宗瑞朱印状（部分）

判子文化の起源は江戸時代

この朱印状にみられるもう一つの画期的な点は、公文書に印判を押捺して発行していることである。現代の日本社会における役所や会社が発行する公文書にも、いわゆる役所印や会社印、あるいは首長印や社長印が押捺されている。それだけでなく、組織内の決裁においても、担当部局の担当者印が押捺され、あるいは一般市民も、印鑑を押捺したさまざまな公式書類を作成している。こうした状況は「判子文化」と呼ばれ、欧米を中心としたサイン文化と対比される、日本社会の特徴になっている。

日本社会での印判使用は、古くは古代の律令国家にさかのぼり、天皇の御璽《ぎょじ》、中央官司《かんし》の太政官《だいじょうかん》印や地方官司の国衙《こくが》印・郡衙《ぐんが》印、あるいは寺社の印などが、公文書に押捺され、発行された。その仕組みそのものは江戸時代、さらには明治国家まで続き、現在にも継承されている。ただし、判子文化という場合には、統治機関の使用のみならず、民間の会社や庶民も一様に使用する状況を指している。

平安時代になると、国衙などの統治機関の役割は減少し、代わって荘園《しょうえん》領主や知行国《ちぎょうこく》主《しゅ》による私的性格を帯びた領主の支配が大勢を占めるようになった。それらの領主が公文書を出す場合に基本的に用いたのは、印鑑ではなく、花押《かおう》というサインの一種である。そのため、以後の社会では、花押こそが正式なものと認識されるようになった。平安時代の後半から江戸時代までは、花押を中心とした文化であった。そのあり方の一部は明治国家

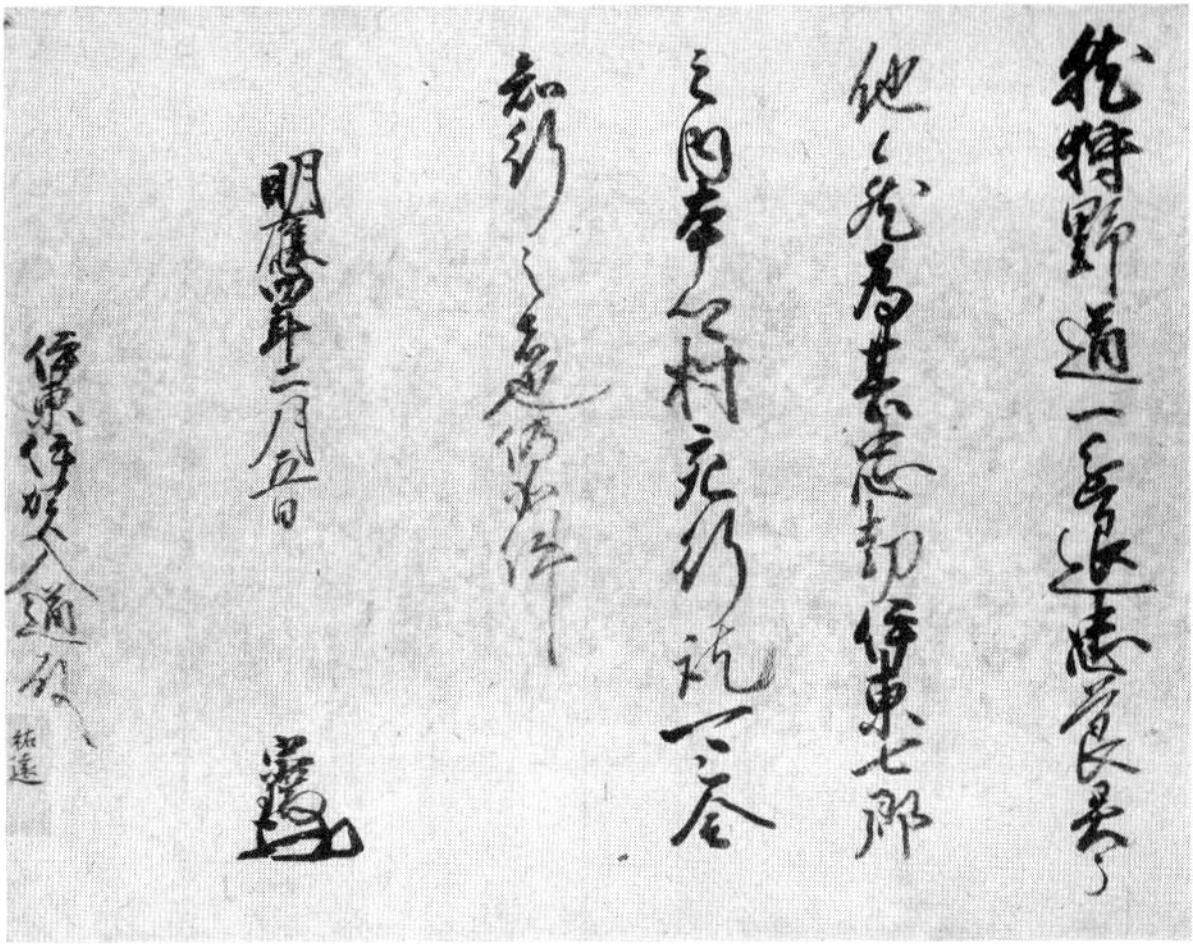

明応４年２月５日付け伊勢宗瑞判物（伊東家文書　東京大学史料編纂所蔵）

にも継承され、現在においても総理大臣や閣僚による決裁は、この花押を用いて行われている。

明治時代からは判子文化が中心になったが、その前提は古代にあるのではなく、江戸時代にあった。

江戸時代には、納税を分担する社会人にあたる百姓身分は、すべてが印判を使用するようになっていた。明治時代に受け継がれたのは、そのように百姓が印判を使用する状況であった。

平安時代の後半以降、国衙などの統治機関とは別に、僧侶や文化人などが印判を使用する状況がみられるようになった。これは、いわば落款《らっかん》の延長にあたるようなもので、使用される場面はかなり限定されていた。そうしたなかで、戦国大名が印判を公文書に使用するようになった。使用の方法には二つの性格があり、一つは花押の代わりに使用するもので、これを「花押代用印」と称している。その最初の事例は、戦国大名駿河《するが》今川《いまがわ》家の初代・今川氏親《うじちか》が、長享《ちょうきょう》元年（一四八七）十月二十日付で領国内の東光寺《とうこう》（静岡県島田市）に出したものである（戦今六五）。

もう一つは、統治者が出す公文書に公印として使用するもので、先に触れた北条家の最初の印判状が、その最初の事例になっている。

この二つの使用のあり方が、やがて後者の公印使用の影響をうけて前者の花押代用印のあり方が大勢を占めるようになり、前者は百姓による印判使用に、後者は役所印や所轄印の使用へとつながっていく。現在でいえば、前者は一般市民の印鑑使用に、後者は役所や会社の公印使用がそれにあたる。

そして、花押ではなく、判子だけで公的意志を示す方法として、印判状という公文書のスタイルを生み出したのが、最初の印判状を出した北条家であった。

北条家の初見の印判状

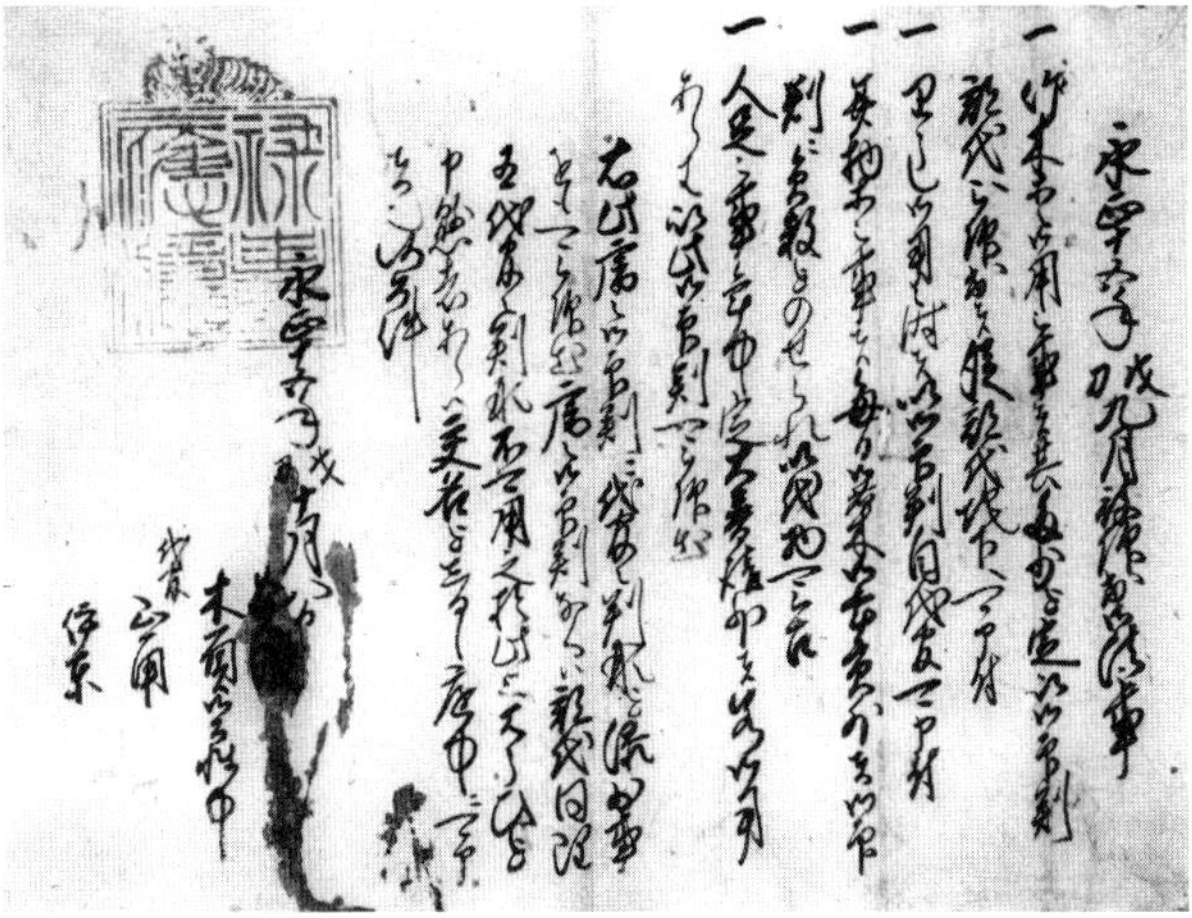

永正十五年伊勢宗瑞朱印状（全体）

このように、伊勢宗瑞が最初に出した朱印状は、納税通知書の送付と、判子文化の起源という画期的な意味を持つものであった。その内容は次の通りである。

（読み下し）

永正十五年戊寅《つちのえとら》九月に仰《おお》せ出《いだ》さるる御法の事、

一、竹木等の御用の事は、其の多少を定め、御印判を以て郡代《ぐんだい》へ仰せ出されば、郡代従《よ》り地下へ申し付くべし、

一、りうし御用の時は、御印判を以て代官自《よ》り申し付くべし、

一、美物《びもつ》等の事は、毎日の御菜《ごさい》御年貢の外《ほか》は、御印判に員数をのせられ、

代物を以て召さるべし、
一、人足《にんそく》の事、年中定むる大普請《だいぶしん》の外は、若《も》し御用あらば、此の御印判を以て仰せ出さるべし、
右、此の虎の御印判に代官の判形《はんぎよう》を添え、少事をも仰せ出さるべし、虎の御印判なくば、郡代同じく代官の判形有るといえども、之を用うべからず、此の上においてはうひを申し懸くる者あらば、交名《きようみよう》をしるし庭中《ていちゆう》に申すべき者也、仍《よっ》て件《くだん》の如《ごと》し、

永正十五年戊寅十月八日（虎朱印）
「長浜」（異筆）
木負御百姓中
代官
山角《やまかど》（性徹《しようてつ》）
伊東《いとう》（家祐《いえすけ》）

（現代語訳）

永正十五年戊寅九月に出した御法について

一つ、竹木等を徴発する御用の場合には、その多少の数量を決めて、御印判状で郡代に命令を出し、郡代から村へ言いつける。

一つ、「りうし（漁師か「立司」か）」を務めさせる御用の場合には、御印判状で（代官に命令を出し）代官から言いつける。

一つ、美物（鮮魚）等を徴発する御用の場合には、毎日納入させている御菜御年貢以外については、御印判状に数量を記載し、代金を支払って納めさせる。

一つ、人足役等の場合には、年間で負担量が決まっている大普請役以外については、徴発する御用がある場合には、このような御印判状で命令を出す。

右について、この虎の御印判状に代官の判物を添えて、少しのことについても命令を出す。虎の御印判状がない場合には、郡代や代官の判物があったとしても、それに応じる必要はない。このようにしたからには、「はうひ（謗誹か。悪口を言うこと）」を言いかけてくる者（法令を守らないで不当に税を賦課してくる者）がいたならば、その人名を書きつけて「庭中（訴訟を受け付ける部署）」に訴訟してきなさい。

この文書《もんじよ》は、前月の永正十五年九月に制定された法の内容を、個々の村落に通達したものである。年号の上には、上部に虎の図案を配し、印文「禄寿応穏」を刻んだ方形の朱印が押捺されている。この印判について、本文でも「虎の御印判」と称されているように、これを虎朱印と称している。そして、この虎朱印が押捺されて出された文書を、「虎朱印状」と称している。

この文書は、伊豆西浦《にしうら》七ヶ村の木負村に出されたもので(「長浜」は後世における加筆とみなされている)、同村を含む西浦七ヶ村は北条家の直轄領《ちょっかつりょう》(年貢が北条家に納入される所領)となっていた。その代官を務めていたのが、北条家臣で宛名にみえている山角性徹《やまかどしょうてつ》と伊東家祐《いとういえすけ》であった。この文書そのものは、江戸時代、長浜村で村役人である名主《なぬし》を務めた大川(大屋)家に伝えられていて、本来は木負村に宛てられていたから、同村の名主家に伝来したと推測されるが、いずれにしろ、現地村落の有力百姓家で保存されていたものになる。それはすなわち、この文書は出された時に、現地の村落に交付されたものであることを意味している。

虎朱印状が創設された背景

内容は、北条家（正確には当時は伊勢家）から木負村に賦課する、公事《くじ》と称される雑税の賦課方法について取り決められている。公事は、主に軍事物資や生活必需品、もしくはそれに充《あ》てる金銭と、労働力を徴発する租税のことをいう。ここで具体的にあげられているのは、軍事物資となる竹木（一条目）、漁船による物資輸送役と推測される「りうし」役（二条目）、御菜御年貢以外の鮮魚の買い取りによる提供（三条目）、大普請役以外の人足役（四条目）である。

これらの公事を徴発する場合、いずれも虎朱印を押捺した朱印状を出し、そこに必ずその数量などを記載する。それによって郡代もしくは代官に命令を出して、さらに郡代もしくは代官が判物《はんもつ》（花押を据えて出された公文書）を添えて通達する、ということが取り決められている。

そして本文部分では、ちょっとした公事の徴発の場合にも、虎朱印状に代官の判物を添えるかたちで命じることにすること、虎朱印状がなくて郡代や代官の判物だけによる徴発の命令には、一切応じる必要はないことを保証している。そのうえでさらに、この法令の内容を蔑ろにして、課税をしてくるような徴収者（郡代や代官の家来となる下級役人）がいたならば、その者の人名を書きつけて北条家の裁判所に訴訟してよいことを保証している。

本文部分の内容から、どうして虎朱印状によって徴発命令が出されるようになったのか、その背景をうかがうことができる。ここにあげられている公事には、郡代を通じて徴発されるものと、代官を通じて徴発されるものの、二通りの徴収ルートが存在している。これは、北条家が村落から徴発する公事の性格の違いによる。

郡代は、北条家が地域支配のために設定した「郡」や「領」という広域行政単位を対象に、軍事的な公事を徴発する領域支配者にあたる。北条家は、大普請役（城郭などの構築、修築のための人足役）や陣夫役《じんぶ》（戦場への物資輸送のための人足役）、耕地・屋敷を対象に賦課する役銭《やくせん》といった軍事負担、もしくはその費用を、すべての村落に賦課していた。そうした性格の公事を、「国役《くにやく》」と称している。

それに対して代官は、主人の所領を代理で支配する存在である。北条家に年貢を納入する直轄領には、それぞれに大名家による支配を代行する代官が任命された。したがって、代官を通じて賦課する公事は、北条家がその所領の領主として賦課するものにあたり、家臣や寺社が、北条家から与えられた所領を支配するのと同じ性格のものになる。所領の領主は、自らの財政を維持するために、年貢のほかにも、さまざまな公事を徴収することができた。

戦国大名や国衆という戦国時代の領域権力では、戦国大名・国衆という領国の統治者が、領国内のすべての村落に負担させる「国役」と、個々の領主が自身の所領に賦課する公事の、二重の公事賦課があった。その状況は、基本的には江戸時代まで変わることはなかったから、この仕組みは、戦国時代から江戸時代を通じてみられたものになる。ちなみに、領域権力におけるこの二重の公事賦課の仕組みは、研究者にあってもなかなか十分に認識されていない重要事である。この仕組みの存在は、北条家の場合でこそ明確に認識することができる。

それらの公事は、それまではそれぞれ郡代や代官の判物によって徴発されていた。本来的な公事徴発の命令は、北条家からのものであったが、村落には、それは郡代・代官の命令で通達されていたのであった。そうした状況にあったことに対して、この時に北条家は、自らの命令とその内容を明示するために、虎朱印状で命令を出すことにしたのであった。

村に出された配符《はいふ》の成立

なぜそうなったのか。それは本文の最後の部分からうかがうことができる。郡代や代官からの命令であったとしても、実際に個々の村落に徴収しに来るのは、それらの家来であった。この法令を取り決めても、それを無視して、従来通りに郡代や代官の命令書をもとに、公事を徴収しに来ることが予想されている。虎朱印状には、徴収する税目とその数量を明記することが取り決められていた。このことは逆にいえば、それまでは北条家の命令内容と異なるものが、その命令として行われていたことがうかがわれる。

北条家はそのような、家臣やその家来（北条家からみれば又家来《またけらい》にあたる）による一種の不正を排除するため、虎朱印状を直接に村落に通知する仕組みを採用したのであった。これによって、北条家からの命令は、すべて虎朱印状で示されることになり、郡代・代官やその家来は、それとは異なる徴収を行うことができなくなるのであった。北条家が村宛に租税徴収のための虎朱印状を発給するようになったのは、まさにそのためであった。

このように納税主体に対して、租税の納入を命じる公文書を、「配符」と称している。この虎朱印状によって出される村宛配符こそ、納税通知書にあたる。その具体例を一つあげることにしよう（戦北三二二）。

（読み下し）

船役銭《ふなやくせん》の事

二百文　ほうちやう　　五郎左衛門

（四名略）

二百文　同　　　　四郎兵衛

以上弐貫弐百文

右、催促として使を越すべく候えども、百姓造作《ぞうさ》たるべく候間、急度《きつと》代物調え、来る二十日以前に山角所へこれを渡すべし、無沙汰致し候わば、譴責《けんせき》を入れるべき者也、仍て件の如し、

壬寅《みずのえとら》（天文十一年）

十一月十六日（虎朱印）

長浜　百姓中

（現代語訳）※本文のみ

右について、催促のために使者を派遣すべきであるが、百姓の出費になるので、きちんと代金を準備して、二十日までに山角（康定か）にそれを渡しなさい。その処置をとらない場合には、取り立ての譴責人を派遣する。

これは、天文十一年（一五四二）に北条家三代当主の北条氏康が、西浦七ヶ村の一つ、長浜村に出した虎朱印状で、漁船を対象に賦課する船役銭の納入を命じる配符である。ここには、賦課の対象とその額、納入期日、納入先が明記されていることがわかる。北条家は公事を賦課するたびに、こうした配符を村落に通達するようになったのである。

印判状の意味

北条家は村落に宛てて配符を発給するにあたり、印判状という書式を用いているが、村宛配符の成立と印判状の成立には、密接な関わりを見出すことができる。それは、文書を発給するにあたっての作法である「書札礼《しょさつれい》」に関わっている。いうまでもないことだが、前近代社会は身分制社会であったから、文書の出し方も相手との身分関係の違いによって、それぞれに応じた細かな作法が作り出されていた。

印判を使用する以前、戦国大名家の当主の文書発給は、花押を据えたものに限られていた。花押は、およそ十五歳頃に行われる成人式ともいうべき元服《げんぷく》にともなって、社会人としての保証能力を備えることで持つようになる。そのため、元服前の未成人は持っていない。また、家父長制という社会の仕組みにより、女性のほとんどは社会的主体にはなれなかったため、花押を持つことはほとんどなかった。すなわち、花押は使用者の社会的人格を表現するものであった。

戦国大名家の当主が文書発給をする場合は、身分的な対等性や、あるいは目下《めした》に対しては対面性が要件であった。目下に対する対面性とは、簡単にいえば、家臣や寺社の僧侶・神官などに、大名が所領などを与えて、個別に主従関係などの社会関係を結んでいるような状況にあたる。したがって、納税主体である村落に対して、直接に花押を据えて文書を出すということは、基本的に必要のないことであった。

しかし、戦国時代になると、領域権力としての性格によって、どうしても村落に直接、文書を出さなくてはならなくなる状況が生まれるようになった。北条家の場合でも、伊勢宗瑞は、最初の印判状を出す前となる永正八年（一五一一）八月四日と同十年七月十七日、相模西郡底倉村《さがみにしぐんそこくら》（神奈川県箱根町）に宛てて、同村に対する諸公事を免除する判物を出している（戦北二三・二八）。一通目は文書の袖《そで》（書き出し）部分に花押を据えたかたちで、二通目は日下《にっか》（日付の下）部分に花押だけを据えたかたちで、それぞれ出されている。

本来は、戦国大名家の当主と納税者の村落とでは、身分に大きな格差があったため、大名家当主が直接に文書発給するということなどありえなかった。しかし、現実にはそのように、村落に対して租税免除などの保証のため、文書を出さなくてはならなかった。その対応策の一つが、底倉村宛判物の一通目にみられた、袖に花押のみを据える、「袖判《そでばん》」と称される方法であった。

花押を据える際、署名を記さないというのは、相手が極めて格下の場合に用いられた。さらに、袖に据えるというのも、相手が極めて格下の場合に用いられた。よって、袖判という書式は、相手が極めて格下の場合に、ぎりぎりで出すことを可能にする書式といえる。しかしそれでも、花押を据える行為は、大名家当主の人格を表現するものなので身分差の障壁は高く、またその村落との個別的な内容の場合に限られ、汎用性の面でも限界があった。これは配符のようなものの性格にも馴染まない。そこで、その障壁を乗り越えるものとして考案されたのが、印判のみを押捺して大名家当主の意志を伝達する、印判状という書式であったと考えられる。

　しかも、事はそれではおさまらなくなった。北条家の最初の印判状は、実は不特定多数の村落に、一斉に発給されたものであった。現在は木負村宛のものしか残っていないが、本来は、当時の直轄領となっていたすべての村落に向けて、ほぼ同内容のものが一斉に発給されたと推定される。同時に同内容のものを村落に宛てて一斉に出す行為そのものも、それまではみられることはなかった。戦国大名は、領域権力として領国内の村落を等しく統治する存在であり、そのために一斉法令のようなものを通達することが必要になった、ということである。

　その場合に、袖判という書式で出すといっても、それはあまりに膨大な仕事量となる。一斉法令に加え、個々の村落への配符の発給となると、そのたびに膨大な数になってしまう。しかし、発給にあたって印判を使用すれば、相手との身分差の障壁を克服しつつ、同時に大量発給することも可能にする、これこそ一石二鳥の施策であった。伊勢宗瑞は、まさにそのことを考案したのであった。

北条家の地位上昇と印判使用の拡大

ところで印判状の成立という場合、いままでの学説として、今川氏親の長享元年（一四八七）十月二十日付のものを最初とする見解がある（戦今六五）。しかし、そこでの印判使用は、日下の「竜王丸《たつおうまる》」の署名下に押捺された黒印であった。それは、氏親がいまだ元服前で花押を持っていなかったため、花押の代わりに使用した「花押代用印」と理解するのが正しく、印判状と認識することはできない。あえて様式に命名するのであれば、〝黒印判物〟とするのが適当と考える。花押を据えた判物として出すべきところ、その代わりに黒印を使用していることから、花押による判物と区別をつけるためである。

また永正三年（一五〇六）からみられている、播磨《はりま》の大名・赤松政則《あかまつまさのり》の後室《こうしつ》・洞松院《とうしょういん》尼による黒印使用について、印判状とみる見解もあるが、これについても正確には花押代用印としての使用と理解される。これは武家女性による印判使用としては最初にあたり、注目すべき事例になっている。とはいえ西国《さいごく》において、そうした印判使用が本格的に継承されることはなかった。

さて、その今川氏親の事例は花押代用印として最初の事例になる。それまで元服前の当主が文書を発給する場合には、単に幼名を署名するだけで行われていた。それがここでは、署名下に印判が押捺されるものとなった。当時、氏親は元服前であったから、これを考案したのは氏親本人だったとは考えられない。この時に氏親を後見していたと考えられるのが、母方の叔父であった伊勢宗瑞である。宗瑞がのちに印判状という新しい文書様式を考案することを踏まえれば、この時に花押代用印という印判のあり方を考案したのも、宗瑞であったと考えられるであろう。花押代用印の考案も、印判状の考案も、ともに宗瑞によるものであった。宗瑞こそ、判子文化の創始者といえるかもしれない。

宗瑞の考案は、それにとどまらなかった。虎朱印は、宗瑞から嫡男氏綱に代替わりした後も、北条家当主が使用する公印として受け継がれた。それは、五代当主の氏直まで継承されることになる。したがって、虎朱印は当主の個人印ではなく、戦国大名北条家の公印という性格のものであった。こうした性格の印判を、家印《かいん》と称している。当主が交替しようと、組織が存続していれば、その公印として変わらず使用され続けたのである。このことは逆に、そのような継続性のある組織が生み出された、ということを意味している。

さらに宗瑞は、公印としての虎朱印だけでなく、用途別の朱印としての「調《ちょう》」朱印と、個人印としての「纓《えい》」朱印を創出している。「調」朱印は、虎朱印創出から二十日後になる永正十五年（一五一八）十月二十八日付で家臣後藤繁能《しげよし》・関某の連署《れんしょ》判物の袖に押印されていて（戦北三六）、この時には職人宛の配符に使用したとみなされている。しかしその後、二代当主氏綱の時には、関所を通す物資輸送に関わって使用され（戦北七六・八〇）、三代当主氏康の時には、料紙《りょうし》の綴《と》じ目《め》に押印された綴じ目印としての使用（戦北三八四）、また四代当主氏政《うじまさ》の時には、料紙の継ぎ目部分に押印された紙継ぎ目印として（戦北六二三〜六二四など）、あるいは「日記」と称された覚書《おぼえがき》に当主の花押代用印として（戦北一一一六など）使用するなど、その用い方は変化している。氏康以降は、公印の一つというより、当主使用の個人印の一つとして性格を変化させている。

このように、「調」朱印は、その後の当主によって使用方法を変化させているが、虎朱印とは異なる用途に使うための印判として創出され、使用されたことがわかる。他方の「纓」朱印は、紙継ぎ目印として使用している。紙継ぎ目や綴じ目に印判を使用するようになったのも、宗瑞の考案といえるであろう。それまでは原則、花押が使用されていたからである。それを宗瑞は、そのための朱印を考案して使用するようになったと考えられる。

もっとも紙継ぎ目に印判を使用することは、宗瑞よりも以前に、宝徳《ほうとく》年間（一四四九〜五二）の頃に、元関東管領《かんとうかんれい》の山内上杉長棟《やまのうちうえすぎちょうとう》（実名は憲実《のりざね》）が、印文「長棟」の黒印を使用している事例が知られている。しかしその手法はその後に継承されてはいないので、実質的な創始者としては、宗瑞にあててよいと考えられる。

そして虎朱印も、当主に代々使用されるなかで、その適用の範囲を拡大していった。当初は村落やその住人宛に使用していたが、二代氏綱からは寺社宛（戦北四六）、関所や役所の通行許可書としての過書《かしょ》（過所）や手形（戦北五五）、諸役徴収に関する家臣宛（戦北七九）、職人への物資徴発（戦北一五一）に適用された。三代氏康からは家臣への命令（戦北二五三）、家臣からの申請への裁決結果の通達（戦北三六一）、国衆からの申請への裁決結果の通達（戦北四三六）、領国外の寺社からの申請への裁決結果の通達（戦北三七八一）、家臣への知行書立《ちぎょうかきたて》（戦北五〇六）、家臣への知行充行《あてがい》・安堵《あんど》（与えること・保証すること。戦北五四七）に、そして、四代氏政からは在郷家臣への感状《かんじょう》（戦功を賞するもの。戦北六八四）、家臣への着到帳《ちゃくとうちょう》（軍役人数・武装内容を規定するもの。戦北一四九七）などにも適用されるようになっている。

虎朱印の使用される範囲が、次第に拡大している状況がわかるであろう。そもそも、印判の使用は、花押で文書発給するには差し障りがある対象に出すために考案されたものであったから、書札礼の礼法に照らして、花押よりも薄礼《はくれい》にあたるものと認識された。印判が使用される範囲が拡大するのは、花押を使用する範囲がより縮小されることになる。それはつまり、それだけ北条家当主の身分的地位の上昇を反映することを示した。

ただし、判物の発給がなくなったわけではない。五代当主氏直の場合、判物の発給数は虎朱印状の発給数と比べるとかなり少なくなっているが、知行の充行・安堵、相続の安堵、感状など、主従関係の根幹に関わる内容については、判物での発給がなくなっていない。しかし、同じ人物に同日で宛てたものに、判物と朱印状の両方があったり、同じような内容でも判物と朱印状の場合があったりと、その使い分けの原則についてはまだ解明されていない。それは書札礼と内容を加味して分析する必要があり、これは今後における重要な研究課題と考えられる。

ともあれ、虎朱印状の使用される範囲が次第に拡大していったこと、逆にいえば、判物の使用される範囲を侵食していく状況があったことは確かであった。ここに、戦国時代において、花押の使用ではなく、公印の使用が拡大していた状況をみることができる。現代の会社や組織での公印使用の原点を見出せるであろう。

北条家の印判使用

こうした印判状は、北条家でも、また周辺の戦国大名・国衆にも普及した。北条家では氏綱以降も当主の個人印として、

氏綱　「郡」黒印
氏康　「武栄《ぶえい》」朱印（公印）・「機」朱印（個人印）
氏政　「有效《ゆうこう》」朱印
氏直　印文未詳朱印

を使用している。また用途別のものとして、伝馬《てんま》手形専用印の「常調」朱印がある。この朱印には、上部に馬の図案を配置している。さらに街道上に設けられた役所の通行証に使用されたと推定される、「通過」円形朱印が存在していた（戦北一七〇四）。

当主以外の一門《いちもん》衆・家老《かろう》衆でも印判使用がみられた。早い事例として、天文元年（一五三二）から氏康弟の為昌《ためまさ》、同十

伝馬「常調」朱印

「通過」朱印

二年から氏綱弟の宗哲《そうてつ》による使用が確認できる。現在までに確認されている、一門衆における使用者とその印判を列記すると以下のようである。

為昌（氏綱三男）「新」朱印
氏堯《うじたか》（氏綱四男）「有虞《ゆうぐ》宝昖《ほうえん》陶唐《とうとう》」朱印
芳春院殿《ほうしゅんいんでん》（氏綱娘・足利晴氏《あしかがはるうじ》妻）「日本王天下主」朱印
山木大方《やまきおおかた》（氏綱娘・堀越六郎《ほりこしろくろう》妻）「軍勝」朱印・印文未詳黒印
氏照《うじてる》（氏康三男）「如意成就」・印文未詳朱印
氏規《うじのり》（氏康四男）「真実」朱印・印文未詳紙継ぎ目朱印
氏邦《うじくに》（氏康五男）「翕邦挹福《きゅうほうゆうふく》」朱印
氏忠《うじただ》（氏康養子・氏堯長男）「楼鬱《ろううつ》」朱印
氏光《うじみつ》（氏康養子・氏堯次男）「桐圭《どうけい》」朱印
新光院殿《しんこういんでん》（氏康娘・氏繁《うじしげ》妻）印文未詳朱印
太田源五郎《おおたげんごろう》（氏政次男）印文未詳朱印
氏房《うじふさ》（氏政三男）「心簡剛《しんかんごう》」朱印

宗哲（宗瑞四男）・氏隆《うじたか》（氏信《うじのぶ》子）「静意《じょうい》」朱印
氏信（宗哲次男）「福寿」朱印
綱成《つなしげ》（氏綱娘婿）印文未詳黒印
氏繁（綱成長男）「顚趾利出否《てんしりすいふ》」朱印
氏勝《うじかつ》（氏繁次男）印文未詳朱印
葛山氏広《かつらやまうじひろ》（宗瑞三男）後室　印文未詳朱印
吉良頼康《きらよりやす》（氏綱娘婿）・氏朝《うじとも》（頼康養子・山木大方子）「所願成就回令《かいれい》満足候《そうろう》」朱印

これら北条家一門衆関係の印判の特徴は、基本的には朱印であることと、虎朱印に倣って方形であることにある。黒印は、隠居後の北条綱成と山木大方にみられているにすぎないし、方形ではないものには北条宗哲・氏隆と氏房が円形を使用しているにすぎない。また虎朱印には、上部に虎が彫られていたが、それに倣って上部に動物の図案を配しているものも多く、氏照の「如意成就」朱印、氏邦、山木大方、葛山氏広後室のものにみられる。

また、それらに用いられている印文も多様である。それらは、虎朱印の「禄寿応穏」の場合のように、使用者が自らの治政などに対する姿勢を込《こ》めたものであり、いわゆるスロ

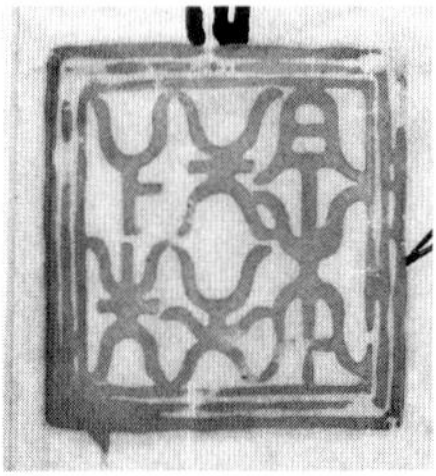
足利晴氏妻・芳春院殿の印文

ーガンにあたる。そのため、どのような印文を用いているかによって、使用者の治政への姿勢をうかがうことができる。なかでも興味深いのは、古河公方《こがくぼう》足利晴氏妻の芳春院殿の印文であろう。古河公方足利家が、関東の将軍にあたる同家をどのように自己認識していたのかがうかがえる。

そうした印文の出典は、一般的な用語ではない場合、基本的には中国の古典にあると考えられる。しかし、具体的な出典までが解明されているものは多くない。さらに、印文が判読できていないものも多く残されている。その解明のためには、中国の古典や篆刻《てんこく》に精通する研究者の助力を仰がなくてはならない。その作業は今後の重要な課題となっている。

なお、このほかにも、天文十六年に某女性（北条家関係の女性）の印文未詳朱印、永禄《えいろく》六年（一五六三）に虎松丸《とらまつまる》の印文未詳朱印の使用など、使用者が特定されていない朱印がいくつか存在している。北条領国において朱印の使用は、ほぼ一門衆か有力家老に限られているので、今後の調査によってその使用者も特定されるようになるかもしれない。その家老衆では、次の人物などにみられる。

松田憲秀《まつだのりひで》（小田原衆寄親《よりおや》）印文未詳円形朱印・印文未詳壺型朱印
遠山直景《とおやまなおかげ》・犬千世《いぬちよ》（江戸城代）「過歳《かさい》」朱印
大道寺政繁《だいどうじまさしげ》（河越《かわごえ》城代）印文未詳円形朱印・「義元《ぎげん》」朱印
内藤康行《ないとうやすゆき》（津久井城主）「剛」朱印
内藤綱秀《つなひで》（康行養子）印文未詳朱印
大藤直昌《だいとうなおまさ》（中郡《なかぐん》郡代一族）「福」黒印
近藤綱秀《こんどうつなひで》（氏照家老・下野榎本《しもつけえのもと》城代）「天福」黒印
大石照基《おおいしてるもと》（氏照家老・下野小山《おやま》城代）「国所」黒印

朱印の使用は、松田・遠山・大道寺の一門衆に準じる家格にあった家老と、津久井城主であった内藤家のみとなっていて、その他については黒印となっている。これは北条家においては、朱印を使用できる家格と、黒印しか使用できない家格の区分が行われていたことを意味している。

なお、このうち内藤康行・大藤直昌は花押代用印のみの使用になっている。しかも、内藤康行の使用は、天文五年というかなり早い時期からである。またこのほかにも、北条家の家老か、あるいは一門衆の家老の使用によると推測される印判もいくつかみられている。それらについても今後の調査によって使用者が判明するかもしれない。

広がる印判状の文化

北条家関係では、さらに従属下にあった国衆にも印判の使用がみられた。姻戚の古河公方足利義氏《よしうじ》（晴氏・芳春院殿の子）をはじめとして、古河公方家臣の簗田《やなだ》持助《もちすけ》・助縄《すけつな》と一《いっ》色義直《しきよしなお》、駿河葛山氏元《うじもと》（氏広の子）、武蔵《むさし》岩付《いわつき》太田氏資《うじすけ》（氏康の娘婿）、松山上田《うえだ》宗調《そうちょう》・長《なが》則《のり》・憲定《のりさだ》、忍《おし》成田《なりた》氏長《うじなが》、下総《しもうさ》千葉《ちば》胤富《たねとみ》・邦胤《くにたね》（氏政の娘婿）、小金《こがね》高城《たかぎ》家、臼井《うすい》原胤栄《たねよし》、矢《や》作《はぎ》国分《こくぶ》胤政《たねまさ》、上野《こうずけ》国峰《くにみね》小幡《おばた》憲重《のりしげ》、和田《わだ》信業《のぶなり》、白井《しろい》長尾《ながお》輝景《てるかげ》、厩橋《まやばし》北条《きたじょう》芳林《ほうりん》・高広《たかひろ》、金山《かなやま》由良《ゆら》家、館林《たてばやし》長尾《ながお》家、下野小山《おやま》家、佐野《さの》宗綱《むねつな》などにみえる。北条家の朱印の使用においては、押捺位置が年号記載の上であることに特徴がみられるが、それら国衆の多くもこれに倣っていて、彼らの印判使用には、間違いなく北条家からの影響をみることができる。

また、印判状の発給は、ほかの戦国大名にも広がっていった。今川氏親は、宗瑞の後見のもとで花押代用印を最初に使用したが、元服後になると、花押による発給を基本とした。

ところが、永正九年と同十一年、同十六年後半については朱印により発給している（戦今二五四・二五六～二五七・二七三・三二四）。これを、氏親による印判状の発給とみる見解もある。しかし、同時期に花押による判物の発給がみられていないこと、押捺位置が袖にあることから、それらはいずれも花押代用印として発給されたものと判断される。

ところが、氏親も大永《だいえい》元年（一五二一）、朱印を年号上に押捺した朱印状を出すようになっている（戦今三五六）。その前後に判物を発給しているから、これは花押代用印としての朱印使用ではなく、まさに朱印状としての発給と認識される。ただし、氏親による明確な朱印状の発給はこれ一例のみとなっている。同六年に死去したのち、家督を継いだ嫡男氏輝《うじてる》は病弱のため、生母で氏親後室の寿桂尼《じゅけいに》が政務を代行するが、寿桂尼は独自の「帰《とつぐ》」朱印を用いて朱印状を発給している（戦今四一九）。

のちに、氏輝は政務に復帰したものの、朱印状を出してはいない。その死後に家督を継いだ弟の義元《よしもと》は、「義元」朱印による朱印状の発給を開始し、その後は、円形「如律令」朱印、「義元」矩形《くけい》朱印、「調」朱印を使用して朱印状を出している。その子氏真《うじざね》も「氏真」朱印、方形「如律令」朱印、印文未詳朱印を使用して朱印状を出している。こうして今川家においては、義元・氏真の代に朱印状の発給が一般化するようになっている。

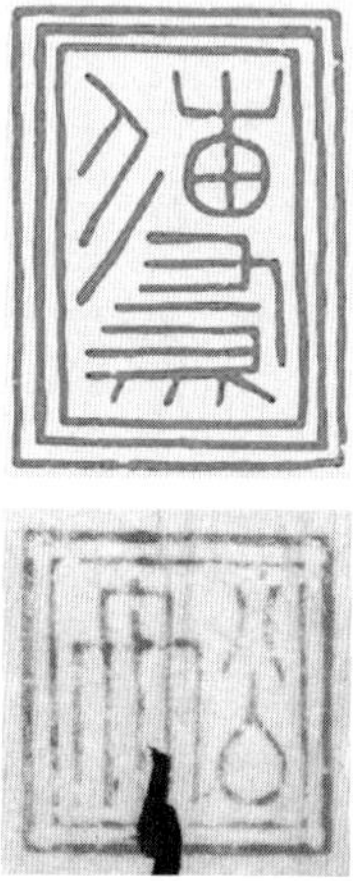

武田家の「伝馬」朱印、「船」朱印

北条・今川両家に隣接した甲斐《かい》武田家でも、大永五年（一五二五）から武田信《のぶ》虎《とら》により、「信虎」朱印を使用して朱印状の発給が開始されている（戦武六〇～六二）。伊勢宗瑞の朱印使用から七年後、今川氏親の朱印状発給から四年後のことになるから、これは隣接する両家の影響をうけてのことと認識される。以後、信虎は「信虎」黒印・虎朱印の重判、「信」虎朱印による朱印状を発給した。天文十年にその子晴信《はるのぶ》（信玄）の代になると、同年から竜朱印による朱印状が発給される（戦武一三三二）。この竜朱印は、その子勝頼《かつより》の代にも使用され続け、武田家の家印として機能するようになっている。

また、武田家では北条家と同じく、用途別の朱印を使用していて、「精」朱印、「伝馬」朱印、「船」朱印などがみられる。さらに、勝頼の代には竜朱印とは別に、新たに獅子朱印を使用するようになっている。当主個人印としても、晴信が「晴信」朱印を使用し、勝頼は同印を継承したのち、「勝頼」朱印に切り替えている。一門衆・家老衆でも穴山《あなやま》武田信友《のぶとも》・信君《のぶただ》、武田信豊《のぶとよ》、仁科信盛《にしなのぶもり》、木曾義昌《きそよしまさ》、小山田信有《おやまだのぶあり》・信茂《のぶしげ》が朱印状を発給している。

その他、越後《えちご》上杉家で輝虎《てるとら》（謙信）・景勝《かげかつ》、房総里見家《ぼうそうさとみ》で義堯《よしたか》・義弘《よしひろ》・義頼《よしより》・梅王丸《うめおうまる》・義康《よしやす》、その家老小田喜正木憲時《おだきまさきのりとき》・時茂《ときしげ》、下総結城晴朝《ゆうきはるとも》、遠江《とおとうみ》時代からの徳川家康《とくがわいえやす》などで、朱印状の発給がみられるようになっている。これらの状況をみれば、北条家を中心に、関東・中部地域といった東国《とうごく》世界で印判状の文化が展開していったことがわかる。

印判状は直状《じきじょう》と奉書

印判状は東国の戦国大名の世界で発達をみたが、対して畿内《きない》や西国では、印判状の文化はほとんど発達をみていない。同じ戦国大名・国衆という領域権力が展開されたにもかかわらず、その相貌《そうぼう》は大きく異なるものとなっている。かつてこの違いを、領域権力の性格の違いとして理解しようとする動きがあった。東国は印判状で、官僚的・機構的な性格にあり、畿内・西国は当主の判物・書状で、人格的な関係を基本とする性格にあったというような見立てである。しかし、現在の研究状況は、そうした理解を明確に否定している。

畿内・西国の大名に多くみられたのは、当主の意向を奉じた家臣・奉行が連署《れんしょ》して判物を出す、連署奉書《ほうしょ》の書式であった。この書式は、室町幕府で多く用いられていて、それが戦国時代になっても、畿内大名や西国大名で多く使用されたものと理解できる。畿内大名や西国大名では、大名家当主の意志は、家臣や奉行の連署奉書によって伝達されたのである。

そうした家臣や奉行の連署奉書は、東国でも室町時代に多くみられていた。東国を統治する政権であった鎌倉府《かまくらふ》をはじめ、関東の有力大名であった山内《やまのうち》上杉氏・犬懸《いぬがけ》上杉氏・下総千葉氏、そして幕府管轄であったが、それと隣接して存在していた越後上杉氏や駿河今川氏などである。しかし、それらの地域では、戦国時代の戦乱がひろがるなか、それを機能させていた機構が解体し、代わって領域権力として再生した後に、伊勢宗瑞が使用し始めた印判状を採用するようになったのである。

さて、印判状は花押を据える書状に代わって出されるようになったという経緯からみても、その性格の基本は、当主が発給した「直状」という点にあるだろう。このこと自体は、原則として正しい。ところが、印判状のなかには直状ではなく、奉書文言《もんごん》で記されているものが、いくつかみられるのである。北条家の場合でも、三代氏康の時、天文十二年(一五四三)十月二十四日付の虎朱印状の文末は、「仰《おお》せ出《いだ》さるる者也、仍て件の如し」となっていて、「仰せ出さるる」との記述から、明確に奉書文言となっている(戦北二四〇)。そうした事例は、ほかにもそれなりの数量でみられる。

同様のことは今川家でも確認される。永正十一年（一五一四）八月十八日付の今川氏親の印文未詳朱印状の文末は、「堅く罪科に処さるべき者也、仍て執達《しったつ》件の如し」とあって、「処さるべし」というように「被」の字が入っている。これも明確な奉書文言になっている。そうした事例も、ほかにいくつかみられている。

これらが何を意味しているかといえば、印判状がすべて当主の判物と同等の直状であったわけではなく、なかには家臣による奉書の場合があった、ということである。このことからすると、奉書文言が入っていれば、そのことは明確に認識できるが、そうではない場合についても、その可能性が多分にあったと認識できることになろう。いわば印判状は、当主の直状と家臣の奉書の両方を併せ備えた性格のものであったといっていいかもしれない。

花押代用印の普及

今川氏親が花押代用印を使い始めたのは、長享元年（一四八七）のことであった。花押代用印そのものは、おそらくは僧侶・神官・文化人などによる印判使用の影響をうけたものであろうが、戦国大名・国衆の当主が、統治者として使用するようになったのは、これが最初のことであった。その後、早い時期に確認されるものに、永正十四年（一五一七）以降に出家した古河公方足利政氏《まさうじ》（法名道長）が「桐□」朱印と「吉」黒印を使用している。大永三年（一五二三）に山内上杉憲房《のりふさ》が「乹貞《かんてい》」朱印を使用している。そして、享禄《きょうろく》三年（一五三〇）以降に出家した扇谷《おうぎがやつ》上杉朝興《ともおき》（法名道興《どうこう》）が印文未詳朱印を使用していた。

永正年間（一五〇四～二一年）以降になると、関東の有力武家でも花押代用印の使用がみられるようになる。その状況は、北条家の家臣や関東の国衆にも浸透し、さらには武田家や今川家の一門衆・家老衆・国衆にもひろがっていくようになる。そうしたなか、もっとも発達をみせたのは、武田家の場合であろう。武田家においては、当主だけでなく、一門衆・家老衆・国衆という政治的地位の高い存在だけでなく、奉行衆クラスの家臣であっても使用するようになっている。

こうした動きは、織田信長の家臣にもみられるようになり、それが羽柴秀吉の家臣にも受け継がれていく。また、徳川家康の家臣は、武田家・今川家のあり方を継承することで、家臣における花押代用印の使用がさかんになっている。こうして戦国時代から近世初期にかけて、花押代用印を使用するという風潮は、確固たるものになっていった。この状況は、同時に村落や町などの在地社会にもひろがっていき、やがて百姓・町人の印判使用の一般化へと続いていったと考えられる。

それまで百姓層においては、大名家臣になるような有力者しか花押などを持つことはなく、ほかは略押《りゃくおう》と称される、簡易なものが使用されていた。当然、それでは個別の識別は難しい。しかし、この頃になると、個々の百姓家の署判が必要になることが増えてきたのであろう。そこで使用されるようになったのが印判であった。そうして花押よりも印判を使用する文化が生まれていったといえる。

なお、印判状そのものは、織田信長の「天下布武《てんかふぶ》」印の使用をうけて、織田家・羽柴家とその関係者でも使用され、徳川家ではそもそも東国大名として使用されていた。しかし、織田信長や羽柴秀吉の印判使用は、公印としてのものと花押代用印としてのものが一体化されていて、それをうけて豊臣政権期以降の徳川家も、同様の状況をみせるようになっている。そこでは、印判状という書式が独自に持つ性格は次第にみられなくなり、花押との使い分けが強められていった。そうして江戸幕府将軍家における、相手の身分格式に応じて、花押・朱印・黒印・家臣奉書という書式の使い分けへと続いていくことになる。

こうしてみると、現在の判子文化に至る道には、伊勢宗瑞による印判状創設からは、かなりの紆余曲折《うよきょくせつ》をたどったことがうかがえる。しかし、その起源が宗瑞による花押代用印と印判状の考案にあったことは確かといえるであろう。

第二章　目安制が開いた裁判制度

戦国北条家による開かれた裁判制度

現在の私たちは、日本国民として日本の司法のもと誰でも訴訟することができる。すなわち、国家の構成員の誰もが、国家に訴訟して裁判をうけることができる。こうした裁判制度のあり方は〝開かれた〟裁判制度として認識されている。

それでは、このような裁判制度は、いつ生まれたのであろうか。現在は個人が社会主体としての存在を確立しているので、個人という観点からみれば、それは明治国家による近代社会化が画期となるだろう。しかし、社会主体という観点からみた場合にはどうであろうか。

前近代社会において、社会主体とは集団のことであった。具体的には「家」という家産共同体、村・町という地域共同体であった。そこでは、ほとんどの人々が統治をうける庶民として存在したが、そのうち百姓・町人という身分の者が納税者であり、すなわち社会人として認識された。そして、百姓・町人はそれぞれ村・町の構成員であった。したがって、庶民において社会主体として存在したのは、村や町という集団、組織であった。百姓や町人は、村や町に所属することで、社会人として存在することができた。

そのような村や町が成立したのは、十三世紀後半からのことと考えられている。室町時代後半の十五世紀には、ほぼ全国でそうした存在が認識されるようになった。しかし、室町時代に、それら村や町の納税主体が、室町幕府に直接に訴訟することはできなかった。訴訟の主体になることができたのは、幕府や朝廷の構成員、すなわち、武家・公家・寺社に限定されていた。

十四世紀頃から、村や町が実質的な訴訟主体として、幕府の裁判をうけるようになるが、その際、幕府への名目的な訴訟者となったのは領主であった。村や町は領主にはたらきかけ、領主が幕府に訴訟したのである。

それは、この時代までの裁判の性格に関わっている。この時代までの統治者による裁判というのは、権力の構成員同士の紛争に対する利害調整という性格にあった。それゆえ、裁判はまさに政治の一部であった。江戸幕府でも、裁判は行政長官である老中《ろうじゅう》が管掌した評定所《ひょうじょうしょ》で管轄されていた。江戸時代まで、裁判が行政組織に管轄されていたのはそのためである。しかし、村や町は、江戸幕府や大名家に訴訟することができるようになっていた。

その転換点こそが戦国時代にあった。戦国大名・国衆という領域権力が、領国内の村や町からの訴訟を受け付ける仕組みを作り出したのだ。

当時、訴状のことを「目安《めやす》」といった。室町時代までは、村や町が直接に幕府に訴訟することはできなかったが、その原則は戦国大名や国衆のもとにおいても同様であった。大名や国衆への訴訟は、領主を通じて行うのが原則であった。しかしその一方で、村や町からの「直接訴訟」を承認した。この直接訴訟は「越訴《おっそ》」にあたる。村や町が直接に大名や国衆に目安を差し出すことが認められたのであり、これを「目安制」と称している。

この戦国大名や国衆での目安制について、導入からその展開の状況、そこでの裁判の仕組みまで、もっともよく知ることができるのが、北条家の事例である。むしろ、北条家の事例から、目安制が発見されたのであった（稲葉継陽『日本近世社会形成史論』）。こうして目安制の存在が認識されたことで、あらためてほかの戦国大名・国衆を見渡してみると、実際に多くの大名・国衆において採用されていたことがわかる。なかには、北条家よりも早い事例と考えられるものもあるかもしれない。しかし、目安制の全体像を把握することができるのは、現在においても北条家の事例だけといってよい。

目安制の導入

北条家が目安制を導入したことが確認できるのは、前章でも取り上げた、初代・伊勢宗瑞が永正十五年（一五一八）十月八日付で、最初に出した虎朱印状である。本文の末尾に「此の上においてはうひを申し懸くる者あらば、交名をしるし庭中に申すべき者也」とあったが、この時に伊勢宗瑞が目安制を導入したことが、まさにこの文言によって示されている。

ここでは、宗瑞が取り決めた村落への公事賦課の方法を蔑ろにし、郡代や代官の命令であるからなどとして、その家来が、虎朱印状が出されてないにもかかわらず、従来通りの方法で諸役を賦課してくることがあったら、その人名を書き記して、北条家の裁判所に訴訟することを認めている。本来であれば、そのような下級役人の行為を訴訟する先は、その主人である郡代や代官であった。ところが、ここではそれら郡代や代官を飛び越して、その主君である大名への訴訟を認めているのである。本来の訴訟先を飛び越えて、その上位機関に直接に訴訟してよい、というものであり、まさに越訴を認めるものであった。

なぜこのような仕組みが導入されたのかといえば、従来の公事賦課の仕組みを改革し、機能させるためであった。違反を犯した下級役人の訴訟先をその主人にしたままでは、主人がすぐに処罰をしなかったり、場合によっては処罰自体しない恐れがあった。そうなれば、問題は全く解決されない。大名家が村落に直接に配符を出すということは、そうした不正を排除するためであったから、そのことを担保するためにも、目安制の導入が図られたと考えられる。

そしてこの場合、それら下級役人に対する処罰は、大名が行うことになる。つまり、その主人によるのではなくなるということであった。このこと自体は大きな意味を持っている。中世社会において主従関係とは絶対的な性格のもとにあり、家来への処罰は主人の専管事項であった。そこには主人の主人、この場合では郡代・代官の主君である大名でも、その関係には簡単に介入できないものであった。いわば主人権は絶対のものであった。

ところが、この目安制によって、又家来《またけらい》の処罰を大名が行うことになるのであった。それは、郡代・代官の主人権を制約するものであった。自らの家来の処罰を、主君が断りなく行うことができる、という事態が生じることになった。それは個々の領主において、主従関係よりも、戦国大名・国衆という領域権力、すなわち国家による統治、そこでの主君による処罰のほうが優先されるという事態を生み出すことになった。こうして個々の領主の主人権は主君によって制限されることになり、やがて江戸時代前期においては、家来を処罰するにあたっては、主君の許可が必要となる状況に推移していったと考えられる（塚本学『生きることの近世史』）。

こうして、伊勢宗瑞は村宛配符の仕組みを作り出し、実際にあった諸役の徴収者の不正の排除を実態化するため、目安制を導入した。それは、諸役を徴収する者と村落との間で起きる、租税の納入をめぐる紛争を抑止するためであった。要するに、この目安制は領国における階級間の矛盾に対応するために導入されたのである。村落はそれまで、領主や代官による不当な支配があると認識した場合、実力によって対抗していた。すなわち、武力の行使である。あるいは逃散《ちょうさん》といわれるストライキを決行していた。

しかし、戦国大名や国衆という領域権力は、一定の領域からなる領国を支配することで存立し、それをもとに対外勢力との戦争を展開するものだった。領国内で領主と村落との紛争が生じ続ければ、権力そのものが崩壊することになる。したがって、領国内で武力が行使されるような事態は極力回避しなければならなかった。目安制は、そうした武力による問題解決を抑止し、大名による裁判で問題解決を行うものであった。

もっとも、ここで宗瑞が目安制を導入したのは、大名に年貢が納入される直轄領のみに絞られ、しかも、大名が賦課する諸役に関する場合に限られていた。その意味では対象はかなり限定されたものであった。しかしこの後において、それが適用される対象は拡大し

北条領国における年貢・公事納入ルート

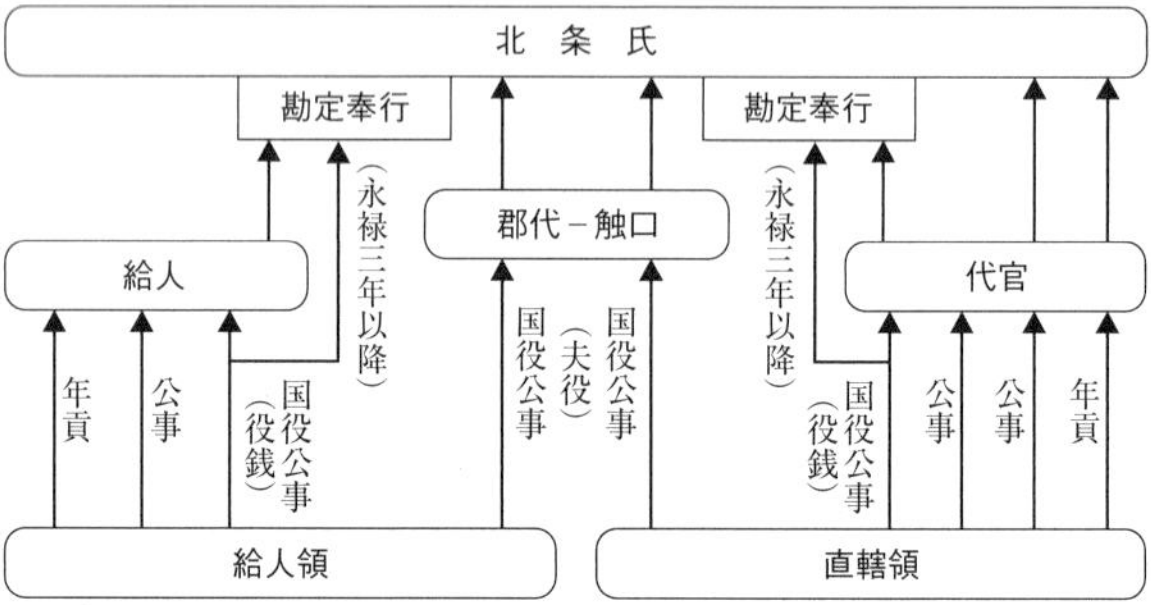

ていくのである。

給人領《きゅうにんりょう》への適用

次の段階は、給人（当時は「地頭」と称された）領への適用であった。戦国大名・国衆の領国における所領は、大名・国衆に年貢が納入される直轄領、大名・国衆から所領を与えられている家臣（給人）に年貢が納入される給人領、同じく寺社に年貢が納入される寺社領というように、年貢の納入先の違いによって区分されていた。戦国大名・国衆について、直轄領が領国全体のなかでどのくらいの割合を占めるのか、確認できる事例はみられない。しかし、豊臣大名の場合をみると、およそ二割から三割くらいであるから、戦国大名についても同様であっただろう。領国における所領の大部分は、家臣に分け与えられた給人領が占めていたとみられる。なお、寺社領はたいていの場合、直轄領を踏まえて設定されるので、直轄領に準じて扱うことができる。
北条家が、給人領にも目安制を適用したことが確認できるのは、二代・氏綱の時、天文九年（一五四〇）四月十二日付で伊豆田方《たがた》百姓・同触口《ふれくち》に出した北条氏綱判物である（「小岩井文書」）。宗瑞による目安制導入から二十年余り後のことになる。その全文を掲げよう。

（読み下し）

（虎朱印）定め置く法度《はっと》の事

一、印判無く□□《（してヵ）》郷中《ごうちゅう》へ諸色《しょしき》の事、申し懸ける者これ有らば、地下人《じげにん》として搦《から》め取り申すべき也、若《も》し住まう者有らば、生害たるべき事、

一、不入《ふにゅう》の在所に悪党以下□□《（抱え置くヵ）》事、一段曲事《くせごと》に候、法度に任せ堅く申し付くべき者也、仍て件の如し、

天文九年卯月十二日　（北条氏綱花押）

田方《たがた》百姓中

同触口

（現代語訳）　※本文のみ

一つ、印判状に基づかずに村に諸税について賦課してくる者がいた場合は、村人で逮捕し、もしも住み続ける者がいれば、自害させるものとする。

一つ、「不入」特権を認めている村に「悪党」などをかばって居させていることは、とても違法のことである。法令の通りにきちんと処置する。

これは、北条氏綱が伊豆田方郡の村落に出した一斉法令と考えられる。判物の書式で出されていて、署判のない花押のみとなっているのは、宛名との身分差が大きかったことによる。宛名は「田方百姓中・同触口」となっているから、田方郡のすべての村落と、それらの村落から諸役を徴収する触口が対象になっている。この文書そのものは、一通しか残存していないが、田方郡の有力百姓とみられる家に伝来したと考えられるから、田方郡のすべての村落に同じ内容のものが直接に出されたか、さもなくばすべての村落に回覧されたものとみてよい。

また、触口は郡代の配下にあって、各村落に諸役の徴収を行う下級役人にあたるから、ここで問題にされた諸役とは、郡代を通じて賦課される、北条家賦課の「国役」であったと判断される。「国役」はすべての村落に賦課されるものであったから、直轄領ではない給人領なども対象であった。そしてこの文書は、田方郡のすべての村落を対象に出されているから、その内容は田方郡のすべての給人領も対象になっていたとみることができる。

目安制に関わっているのは、一条目である。虎朱印状によらない諸役賦課の禁止を規定している。そのうえで、虎朱印状に基づかずに諸役を賦課してくる役人に対しては、村落で逮捕することを認めるとともに、もしそれが不可能で、その役人が徴収をあきらめないで村落に居座り続けるような場合には、氏綱の側で生害《しょうがい》（自害）させることを規定している。なお、冒頭に虎朱印が押捺されているが、それはここでいう印判を具体的に示したものと考えられる。

前段部分は、虎朱印状の初見の事例にもみえていたもので、北条家による村落への諸役賦課については、すべて虎朱印状によって命じるものとし、そうではない場合はその役賦課には応じなくてよいと規定されていた。そしてそこでは、違反者については人名を北条家のもとに直接に届け出ることを認める、つまりは目安制が適用されていた。

そして後段は、それをさらに具体的に示している。まずはその役人を、村落の武力を行使して逮捕することを認めている。しかし、その役人が、おそらく親類・縁者を動員するなど大きな武力を行使してきて、逮捕が不可能な場合は、そのことを北条家に連絡すること。それをうけて、北条家からは奉公人などを派遣して、その人物を拘束なり攻撃なりしたうえで生害させる、と述べている。

この時点で、再びこのように不当な諸役賦課への対応が規定されていることからすると、そうした事態がなかなかなくならなかったか、あるいは、この頃になって多くみられるようになってきたため、あらためて規定を取り決めたか、いずれかと考えられる。しかし、どちらにしても、氏綱は、又家来によるそうした行為を断固として排除する方針を示している。

ただし、この文書自体は田方郡だけを対象にしたものであった。当時、北条家の領国は、伊豆・相模・武蔵南部にわたっていたが、ほかの地域についてはわからない。しかしともかくも、この対応によって北条家は、北条家からの賦課役のみを対象とする限定的なものではあったが、目安制を給人領にも適用することになった。

給人の租税賦課への適用

さらに次の段階は、給人領における、給人による租税の徴収についての適用になる。それは、氏綱の判物が出されてからわずか十年後、三代・氏康が天文十九年（一五五〇）四月一日付で出した虎朱印状によって実現された。現在のところ、この朱印状は伊豆から武蔵南部にわたって八通の残存が確認されている。このことから、当時の領国のすべての村落に一斉に出されたとみることができる。

内容は、それぞれの村落への諸役賦課について述べていることから、全くの同文にはなっていないが、基本的な内容は同じである。また、文章量も多いことから、ここでは相模東郡田名《たな》郷（神奈川県相模原市）に宛てたものについて（戦北三六九）、必要部分だけを抜き出して示すことにしたい。

（読み下し）

国中諸郡退転《たいてん》につき、庚戌《かのえいぬ》四月諸郷公事《くじ》赦免《しゃめん》の様体《ようてい》の事、

百弐拾四貫七百九十一文　相州東郡田名の郷

①右は、諸点役の替わりとして、百貫文の地より六貫文懸けに出すべき趣を相定め候、然《し》からば、田名の郷百廿《にじゅう》四貫七百九十一文、此の役銭七貫四百八十七文、六月・十月両度に御蔵へ納むべし、此《こ》れ以後は、昔より定め候諸公事、一つも残らず赦免せし

め候、細事の儀も申し付くべからず候、郡代・触口綺《いろう》有るべからず候、もし此の旨に背《そむ》き、申し懸ける者これあらば、百姓御庭へ参り、直奏致すべし、但し、陣夫《じんぷ》並びに廻《まわり》陣夫・大普請・玉縄《たまなわ》の城米銭《じょうまいせん》をばこれ致すべし、廻陣夫をば年中八貫文の積もりにて、夫銭を以て出すべき事、

②一、地頭《じとう》に候とも、百姓に迷惑に及び候公事以下を申し懸けるについては、御庭へ参り、申し上げるべき事、

(三・四条目省略)

天文十九年〈庚戌《かのえいぬ》〉四月朔日《ついたち》(虎朱印)

田名郷百姓中

(現代語訳)※本文のみ

国中諸郡が退転しているため、庚戌四月に諸郷に公事を赦免する内容について。

①右は、諸税の替わりに、(貫高)一〇〇貫文の地からは六貫文懸けで(役銭を)出させることを決めた。だから、田名郷は(貫高)一二四貫七九一文なので、それにあたる役銭は七貫四八七文で、(これを)六月と十月の二回に(分けて)御蔵に納税しなさい。

これ以後は、昔から決まっていた諸税は、一つも残らず廃止する。（そうした諸税を）少しについても賦課しない。郡代・触口も邪《よこしま》な行為はしないはずである。もし、この内容に反して、（そうした諸税を）賦課してくる者がいたら、百姓は御庭《おにわ》にやってきて、（そのことを北条家に）直接奏上しなさい。ただし、陣夫役・廻陣夫役・大普請役・玉縄城米銭については（これまで通り）負担しなさい。廻陣夫については、（一人分）八貫文の計算で、銭貨で負担しなさい。

②給人《きゆうにん》であっても、百姓が困惑するような諸税を賦課してきたら、御庭にやってきて、（北条家に）上申しなさい。

この虎朱印状が出された理由は、冒頭に示されている。「国中諸郡」、すなわち領国の全域で、村落が「退転」、すなわち村落から百姓が他所《よそ》に移住して、耕作可能な百姓が不足するような事態になっているために、各村落に諸公事を減税する、というものである。退転の原因までは記されていないが、前年四月に隣国の甲斐では五十一年ぶりとなる大地震が起きていることから、北条領国も地震災害によるものと考えられている。

目安制の全面展開

一条目は、畠地《はたち》賦課の役銭と税制改革に関する内容で、それについては第三章で詳しく取り上げることにしたい。ここで注目しておきたいのは、税制を変更したのち、依然としてそれまでの方法で税を賦課してくる者がいたならば、「御庭へ参り、直奏致すべし」と、村落が大名に直接に訴訟することを促していることである。いうまでもなく、これは目安制の利用を奨励するものである。ここでの税の徴収も、郡代・触口のルートで行われるものであることから、ここで問題となっている租税とは、これまでと同じく「国役」に関することであった。

この文書において、目安制に関して核心となるのはむしろ二条目である。すなわち、そこでは、給人が独自の裁量によって所領に賦課することを認められていた諸税についても、その負担が、村落の安定的な存続にとって障害となる場合に、北条家への訴訟を認めているのである。これは、給人の租税賦課に対する目安制の適用であり、まさに、目安制が全面展開されたものとして認識できる。

そして、目安制が適用されることによって、給人からの課税が村落の負担能力を超えるものであれば、大名はその給人に対処を命じた、と考えられる。北条家について、その実例は確認されていないが、隣国の甲斐武田家では、給人が村落に非分（道理にはずれたこと）を行ったならば、所領の半分を没収するという規定を作っているので（「甲州法度《こうしゅうはっと》之《の》次第《しだい》」五五ヶ条本第九条）、実際にも処罰はあったと考えられる。

給人は独自に財政を構築していて、それをもとに大名への軍事などの奉公を実現していた。所領の村落に、どれだけの年貢や公事を賦課するかは、給人の専管事項であった。しかし、北条氏康はそこに規制をかけた。たとえ給人であっても、村落の存立を妨げるような課税をしてはいけない、としたのである。これは、給人の領主としての自律性を制限するものであった。それによって給人は、村落の存立を維持しながら自己の財政を構築していかなくてはならなくなった。

では、どうして氏康がそのような対応をとったのか。それは、領国全域が危機的状況に陥っていたからであった。そこからの復興を遂げないと、北条家そのものの存立が危うくなる。そのため、氏康は「国役」公事についても税制改革や減税を行い、村落の負担を軽減するとともに、さらには給人賦課の公事についても規制をかけたのである。それは何よりも、村落の存立を維持し、そのうえで「国役」の納税を優先させようと意図したからであった。

氏康のこの取り組みは、これまでの長い領主制の歴史において、決定的な変化をもたらした。領主は、自己裁量で所領を支配することを原則としていたが、それが戦国大名領国の全体的な存立のために、規制をうけることになったのである。その帰結が、江戸時代前期、幕府や多くの大名家で採用された、「地方知行《じかたちぎよう》の形骸化」と称される改革の実現であった。その仕組みは、個別の領主に所領支配させず、実際の村落支配は幕府や大名家が一体的・包括的に行い、個別の領主には年貢・公事分を支給するという方法である。

もう一つの帰結は、江戸時代によくみられるようになる、領民への支配よろしからず、ということを理由に、減封《げんぽう》や改易《かいえき》によって領主を処罰することである。改易の場合は、領主としての立場そのものを剝奪する、厳しい処罰といえる。しかし、すでに戦国時代において、武田家では所領の半分を没収することを規定していた。江戸時代にみられるそうした動向は、まさにその延長に位置するものであった。江戸時代には、百姓一揆といった領国内の騒乱を引き起こした場合に、大名が「支配不行き届き」として改易になるという認識があったが、その淵源は、こうした目安制の全面展開にあったのである。

評定衆《ひょうじょうしゅう》による裁判制度

北条氏康は、この目安制の全面展開について、自身も画期的な政策と認識していたようである。それから十年余り後の永禄四年（一五六一）五月、氏康はこの目安制に関して、「国中の邪民《じゃみん》百姓の上迄聞き立て、非分無き沙汰すべきため、十年已来《いらい》目安箱を置き、諸人の訴えを聞き届け、道理を探求し候事、一点毛頭心中に会乎《えこ》（依怙）偏頗《へんぱ》これ無く候、天道に明白か」とし、領国の弱い（立場にある）百姓にまで（意見を）聞こうとし、道理のある支配をするため、十年前から目安箱を設置し、彼らの要求を聞いて、道理を探求しているように、少しも心中に私利はない、このことは天道に照らしても明らかである、と述べているのである（戦北七〇二）。

ここで、氏康はまさに、目安制の構築を十年前のことと言っているのであり、それはすなわち天文十九年（一五五〇）の改革を指している。氏康はその時、給人の公事賦課についても適用したことをもって、制度が完成したと認識していたことがわかる。そして、その取り組みを、百姓に寄り添い、道理を探求するものだと自賛しているのである。そのうえで注目されるのは、目安制を利用する村落の訴訟にあたり、訴状の提出先として「目安箱」の設置をあげていることだ。

訴状は目安箱に投函される仕組みになっていた。そして目安箱は、小田原城をはじめとする地域支配の拠点となる城郭の城門などに設置された。氏康の五男で武蔵鉢形《はちがた》領を支配した氏邦の本拠・鉢形城（埼玉県寄居町）では、「目安を認《したた》め、鉢形において秩父門脇に立てるべきの事」（戦北二九三六）とか、「領主・代官非分を致し候わば、其の郷一同致し、目安を書き、大好寺曲輪《くるわ》へ持ち参り、大好寺に渡すべく候事」（戦北三一一三）とあって、城門のそばに立てることや、氏邦の奉行人に渡すことを指示している。また、目安は「小田原へ来り、竹はさみを以て申し上げるべく候事」（戦北三〇六九）というものもあり、竹ばさみに挟んで提出することが指示されてもいる。

このようにして提出された目安は、北条家の家老数名から構成される評定衆のもとに上げられるが、まず目安（訴状）の紙背《しはい》に担当者の署判を据えたうえ、それが被告に送付される。さらに、その訴えに対する相目安（陳状《ちんじょう》、すなわち反論状）を作成し、本目安に添えて提出することが命じられた（戦三九二九）。そして両者の主張点を検討して、北条家の当主が出席する、定日《ていじつ》の評定において判決が出された。いわゆる〝御前会議〟である。その際には双方の出頭が求められ、出頭がなければ無条件で敗訴とされた（戦北九七一）。

その判決は、当該裁判の担当者と思われる評定衆が、日付の下に署判し、年号の上に虎朱印を押捺する形式をとった「裁許朱印状」と称される文書によって、当事者双方に交付された。目安箱の設置、評定衆の編成、裁許朱印状という文書様式は、いずれもこの天文十九年から整備されたものである。この裁許朱印状は、現在のところ、弘治《こうじ》元年（一五五五）から天正《てんしょう》十七年（一五八九）までのもの五五通（ほかに懸紙《かけがみ》だけが一通）が残されている。この裁判方式が、広範に機能していたことがわかる。

こうした目安制による裁判制度は、ほかの戦国大名でも導入されている。甲斐武田家では、家臣を対象にしたものと考えられるが、天文十六年（一五四七）に制定した「甲州法度之次第」二六ヶ条本の第二六条で、「晴信の行儀其の外《ほか》法度以下において、旨趣《しいしゅ》相違の事有らば、貴賤を選ばず、目安を以て申すべし」と、晴信（信玄）の判断や法令で、内容が間違っている場合には、身分に構わず誰でも訴訟することを認めている。駿河今川家では、同二十二年（一五五三）頃に制定したとみなされている「訴訟条目」第二条に、「頼りなき者訴訟のため、目安箱、毎日門の番所に出し置く」とあって、特定の当主への取次《とりつぎ》がいない者の訴訟のため、目安箱が城門の番所に毎日設置されたことがわかる。

ところで、目安箱というと、多くの人は教科書に出てくる、江戸幕府八代将軍・徳川吉《よし》宗《むね》によって取り上げられた制度を想起するであろう。名称が同じため、何の説明もないと違いがわからないが、この時の目安箱の制度は、戦国大名における目安制を踏まえれば、新目安制、あるいは目安制の〝第二段階〟と理解されるものになる。戦国大名の目安制はその後、豊臣政権・江戸幕府にも継承され、訴訟受理機関として奉行所が整備されている。この時期には、村・町という社会主体が統治権力に直接訴訟することで、社会における問題のほとんどをカバーできていた。

しかし、徳川吉宗の時代は、十七世紀前半までのような慢性的な飢饉状況が克服されて、民衆の生存も安定的したものとなり、その生存のために村・町が果たす役割は小さくなり始めていた。その一方で、全国規模の市場の形成がみられ、江戸幕府はそれまでのように、幕領（天領・旗本領）の支配にあたってさえいればよいというのではなく、大名領にも目配りした全国的な社会統治を意識せざるをえなくなっていた。ところが、それに対処すべき統治機構は、政治的には安定したけれども、逆に硬直化が進むようになっていて、社会の変化に対応できない状況に陥っていた。

吉宗の目安制はそのような社会情勢をうけて考案されたものであり、村・町によらない個人の訴訟や政治的な意見を、管轄部署を通さずに、直接に将軍に上申することができた。

これは、現代にも「知事への手紙」「市長への手紙」、会社の社長へのメール直行便などというかたちで継承されている。それ以前との違いは、個人による訴訟、政治的な意見の上申が容認されるようになったことにあると理解される。しかし、それが可能になる前提には、戦国大名の目安制による、開かれた裁判制度の構築があった。

下級役人の処罰の実態

この目安制は、郡代・代官や領主による「非分」と表現された、不当な支配の排除を目的に導入されたものであった。それは実際にどのように機能していたのであろうか。その具体例もいくつかみられる。

永禄三年（一五六〇）五月十五日付で相模西郡酒匂《さこう》（神奈川県小田原市）の代官小島左衛《さえ》門《もん》太郎に出した裁許朱印状（戦北六三〇）では、西郡一〇ヶ村の百姓が、小島が管轄する酒匂蔵の年貢の質として、俵物《たわらもの》（穀物を俵に収めたもの）を差し押さえており、この時、徳政《とくせい》令が出されているのに返却されないのは非分であると訴訟してきたことについて、年貢の質には徳政は適用されないからと、百姓の訴訟を敗訴にしている。

元亀《げんき》三年（一五七二）十月十六日付で武蔵岩付領三保谷《みおのや》郷（埼玉県川島町）鈴木氏に出さ

れた裁許朱印状（戦北一六一九）では、代官の行為を訴訟したことについて、その主張は認められないとして敗訴としているが、今後において代官が非分のことを行ったならば、あらためて目安を提出するよう命じている。

天正元年（一五七三）十二月十日付で武蔵岩付領砂原《すなはら》（埼玉県鴻巣市か）百姓中に出した裁許朱印状（戦北一六七七）では、特殊軍事集団の風間出羽守《かざまでわのかみ》の配下が、同所に在陣していることで、村落が迷惑しているという訴訟に対して、風間には同所に配下を配置しないよう命じたことを決定している。

同五年四月十日付で伊豆西浦の百姓大川兵庫助《ひょうごのすけ》に出した裁許朱印状（戦北一九〇〇）では、西浦の小代官《こだいかん》（代官の下役）藤守《ふじもり》が、年貢の計量の際、自身で計量したり、規定外の枡目《ますめ》で計量していることを訴訟したことについて、藤守の違反行為が明白となれば、藤守を牢屋に閉じ籠め、訴訟内容が誤りでなければ藤守を死罪にするとし、ともかくは藤守を西浦小代官から解任することを決定している。

同七年六月十日付で武蔵岩付衆中村右馬助《うまのすけ》に出した裁許朱印状（戦北二〇八一）では、岩付衆関根織部《せきねおりべ》の百姓中村主計助《かずえのすけ》が、右馬助が陣夫を使役していることについて訴訟してきたことについて、前代の城主・太田氏資からの証文《しょうもん》が出されてはいないが、氏資の戦死（永禄十年のこと）後から使役し続けているので、今後も使役してよいと決定している。

実例をあげるのはこのくらいにしておきたいが、これらをみただけでも、村落・百姓が領主側の行為において不当と認識することがあった場合、目安制による訴訟を行っていたことが十分に認識できる。そして、訴訟について、北条家では十分に審理したうえで判決を出していることもよくうかがえる。なかでも、天正五年の伊豆西浦の事例は、小代官の違反行為に対するもので、違反行為が明確になれば処刑する予定であると述べられている。この事例こそが、そもそも目安制を導入するに至った要因であり、実際にそれへの対処が行われていたことがわかる。なお、藤守が年貢を計量したり、それを規定外の枡目で行っていたことがなぜ違法なのかについては、この後、第五章で取り上げるので、ここで触れないでおく。

ただ、領主側の不当行為を訴訟する一方で、村落・百姓の側として、領主側に正当性が認められた行為について訴訟していることも散見される。そこには、村落の安定的な存立のために、認められた権利を最大限に活用しようとするしたたかさをもうかがうことができる。しかし、そうであっても北条家は、そんな村落の過度な主張に対しても、審理し裁決を出しているのであった。

村落同士の紛争への適用

もっとも、残された裁許朱印状をみてみると、領主側の非分を問題にした村落の訴訟の事例は、それほどの割合を占めていない。そこには、文書の残存事情もあろうが、目立つのは、領主層同士、寺社同士、商・職人同士、さらには村落同士の権益をめぐる紛争である。あるいは逆に、領主層のほうが村落・百姓の行為を不当なものとして訴訟しているものもある。そもそも、裁許朱印状として最初に確認される事例が、給人の所領相続をめぐる親子間の紛争についてであった（戦北四七七）。目安制は全面展開された後、あらゆる階層に開放されたのである。

ここから、目安制は村落間の紛争などを含めた、領国内におけるあらゆる紛争を対象とした、ということが認識される。なかでも注目されるのは、村落同士の紛争解決においてしっかりと機能を果たしているという点である。それまでの統治権力の裁判とは、紛争解決における手段の一つにすぎなかった。たとえば、村落同士の紛争の場合、合戦に訴える実力行使や、近隣の村々による仲裁、神の神意に委ねる神裁など、いくつもの解決方法があった。統治権力の裁判は、そうしたものと並ぶ、一つの方法でしかなかった。それはまた、統治権力の裁判の効力にも関わっている。裁判の結果として勝訴したとしても、それを実現するのは、結局は自力によるものであったからである。統治権力が、その結果を執行してくれたわけではなかったのである。

それに対して北条家は、紛争の現地に役人を派遣し、客観的な基準によって判決を出そうと努めている。永禄七年（一五六四）十二月二十八日付で伊豆八幡野《やわたの》（静岡県伊東市）の百姓に出した裁許朱印状では、隣接する赤沢《あかざわ》村との境《さかい》紛争に対して、検使を現地に派遣し、境に炭が埋められていることを確認したうえで裁決している（戦北八八五）。また、判例を蓄積して、それに基づく判決を出すなど、判決における一貫性の維持にも努めている。天正九年（一五八一）十月二十五日付で伊豆大平《おおだいら》（静岡県伊豆市）百姓宮内隼人《みやうちはやと》に出した裁許朱印状では、隣接する柿木《かきき》郷との山領域をめぐる紛争に対して、それ以前における柿木郷と船原《ふなばら》郷の紛争に対する裁決結果に照らし合わせて裁決内容を決定している（戦北二二八四）。さらに、ほかの戦国大名の事例では、判決の執行においても、現地に役人を派遣し、その監督を行うことも確認されている（長谷川裕子『戦国期の地域権力と惣国一揆』）。

こうしたことによって、大名裁判の有効性が高められることとなり、室町時代までのような数ある紛争解決手段の一つとしてではなく、有効な解決方法として機能を果たすものとなった。また、武力行使による紛争解決の場合では多額の費用がかかったし、室町幕府の裁判をうけると担当奉行人への礼銭（依頼料）も莫大なものとなった。しかし、大名裁判においては、近江六角《おうみろっかく》家の事例をみると、手数料がかかる程度になっていた（稲葉前掲書）。大名家臣が業務の一環として対処するようになったからである。この費用の低額化は、大名裁判を選択しやすくさせた。

このように、北条家は、訴訟を容易にする条件を整備する一方で、村落による武力をともなう実力行使の抑制をすすめていった。領主に非分がある場合、まず訴訟を行うべきであるとし、そうしないで領主に直接、実力行使し抵抗したことに対しては、訴訟を行わなかったことを理由に、その実力行使を行った百姓を処罰している（戦北二〇八五）。目安制の目的に、こうした実力行使の抑制があったことが認識できる。村落同士の激しく多大な犠牲をともなったそれまでの紛争解決は、目安制のもと、大名裁判によって解決されるようになっていった。

こうして、領国内のあらゆる紛争において、当事者による武力をともなった自力解決は抑制されていき、北条家がそれらについて、公正な裁判のもとに解決を図る、そんな状況がすすめられていくことになる。目安制は、あらゆる紛争における武力衝突を回避・抑制する新しい紛争解決の手段として機能していった。同時に、「平和」創出という、領国内におけるあらゆる人々にとっての共同利害を体現するものにもなっていった。それはまた、戦国大名による新しい裁判権のあり方、それによる新しい公権力のあり方を示すものとなった。開かれた裁判の展開は、国家における平和創出とその維持に不可欠の仕組みとなっていくのであった。

第三章　一律税率の設定と減税政策

複雑な租税の仕組み

現代の社会において、租税の仕組みは比較的わかりやすい。租税を賦課してくるのは、政府・地方自治体であり、税目やそれについての税率について、明確にされているからである。もちろん、税負担の平等性や公平性という観点からみれば、多くの問題を孕《はら》んでいるが、ともかくも明確に規定されているという点では、わかりやすいといえる。

これに対して、前近代社会における租税の仕組みは、それと比べると複雑であり、それゆえ理解するのは簡単なことではない。支配権力の性格は、租税とその徴収の仕組みにみることができるが、すべての関係する史料が残されているわけではない。それでも、江戸時代の中期以降になれば、関連する史料が多く残されているので、相対的にその復元は可能である。しかし、それ以前になると、かなり難しいのが実情である。

わかりにくくなっているもう一つの理由は、統治権力と個々の領主権力の二重の租税の体系になっていたことである。現在では、政府・地方自治体という統治権力に限定されているが、前近代社会ではそうではなかった。支配権力は分節化、多元化していたのである。戦国大名領国でいえば、統治権力は戦国大名・国衆という領域権力になるが、その家臣らは所領を与えられていて、その所領から独自に年貢・公事の租税を徴収していた。この個々の領主による租税徴収という側面が、現代にはみられないところである。そうした個々の領主をあえて現代に当てはめれば、会社や団体にあたるといえようが、そこから強制的な、独自の租税の徴収がみられることはない。逆にいえば、近代社会とは、租税の徴収が統治権力に一元化されているところに特徴をみることができる。

これが戦国時代以前になると、さらにわかりにくい。統治権力としては、室町幕府・鎌倉府（室町時代の独立的な東国政権）、鎌倉幕府や朝廷が存在していたが、それらが直接に民衆に課税することは、直轄領などを除けば原則としてなかった。その側面はむしろ、個別の領主と同じ性格になる。しかし、その収入だけで統治権力としての財政は維持できないので、その場合、権力の構成員からの上納金によって賄《まかな》われていた。室町幕府の場合でいえば、将軍御所《ごしょ》や天皇御所の造営、式典の費用などはその都度、配下の武家・公家などから拠出させたのである。また、一定地域の軍事・行政官であった守護なども、管轄下の地域に課税を行うことがあったが（守護役《しゅごやく》という）、これも原則として臨時のものであった（次第に恒常役化する動向はあるが）。

したがって、室町時代までは、統治権力が直接に民衆支配を行うことはなく、そのため直接に租税を賦課するということもなかった。統治権力の財政は、基本的にはその権力の構成員からの上納金によっていたのである。ただし、それら構成員は、その分を自らの所領に転嫁して徴収することも多かった。このことをもって、統治権力による民衆統合が実現されていたとする考え方もあるが、戦国時代以降の状況とは大きく異なっているので、その違いははっきりと認識しておく必要がある。

また、個々の領主による所領支配も、対象とする所領ごとに、租税の内容は異なるのが通常であった。一つの領主が、ある荘園をまるごと所領にしていたとしても、そのなかで領家《りょうけ》分、地頭分、〇〇分などというように、租税の徴収単位は細分化されているのが通例で、各々で租税の内容は異なっていた。どうしてそうなのかということを理解するためには、その時代における領主権力の性格と納税主体である村落との関係のあり方を認識しなければならないが、明快に解説した研究はいまだみられないので、ここで触れるのはやめにしておきたい。どうも鎌倉・室町時代の研究者のほとんどは、政治史研究に取り組むのに懸命で、領主権力の内実を究明する課題には、なかなか手が回らないようである。

戦国大名の「国役」

当時の租税の仕組み（北条領国の村負担の主な国役）

系統	役名	賦課対象	賦課基準
役銭系	段銭	田方貫高	1反につき40文（天文21年〈1552〉以降）
	懸銭	畠方貫高	貫高6パーセント（天文19年〈1550〉以降）
	棟別銭	屋敷	1間につき35文（天文19年〈1550〉以降）
	正木棟別銭	屋敷	1間につき20文（当初は隔年で40文。弘治元年〈1555〉以降）
	城米銭	村高か	不明
夫役系	大普請役	村高	20貫文につき1人・年10日
	陣夫役	村高	40貫文につき1人・1陣につき10〜20日

ともかくも、室町時代までにおける租税のあり方は、基本的には個別的なものであった、統治権力による民衆への直接課税はなかった、と理解してよいであろう。そうした租税のあり方が大きく変化するのが、戦国時代での戦国大名・国衆という領域権力の展開であり、それらが領国内のすべての村落に「国役」という租税を賦課するようになったことである。

「国役」の用語についてはすでに示しているが、戦国大名が戦争の遂行のために必要な資金や労働力を、領国内のすべての村落に等しく賦課する租税である。代表的なものとして、城郭の構築・修築のための大普請役、戦場への物資運送のための陣夫役、その他の労働のための夫役、田地・畠地・屋敷地の課税基準高をもとに賦課する段銭《たんせん》・懸銭《かけせん》・棟別銭《むなべつせん》、城郭の備蓄兵糧のための城米銭などの役銭といったものがある。その他、生産業に応じて賦課するものもあり、船の所有者への船役・船方役《ふなかた》、輸送業者への伝馬役などもある。

　こうした「国役」の成立事情は、実は明確にはなっていない。何しろ戦国大名そのものが、それらの租税を賦課する史料が確認されることで、その成立が認識されることになるからである。その内容は、それ以前に守護が臨時で管轄地域に賦課している人夫役や役銭がみられたから、それに由来するという見方がある。しかし個別の領主も、同様のものを所領に賦課していたから、それを区分するのは難しい。また守護にそれらの課税すべてについてみられていたわけではないから、ただちに守護の賦課役からの延長線上のものと理解することはできない。

　そもそも戦国大名は、守護のような広域の軍事・行政官の性格と個別の領主の性格を一体化させたうえで、地域における自立的な統治権力として存在するようになったものといえるから、その権原を前代に探るという思考そのものが不要と考えられる。何よりも戦国大名ごとに「国役」の内容やその税額に違いがあり、さらには、同じ戦国大名においても地域によってそれらが異なっている場合もみられた。よって「国役」とは、戦国大名・国衆による地域支配の展開のなかで、地域の状況に応じて生み出されたものと認識するのが適当といえる。

「国役」の性格の説明はこのあたりで切り上げることにしたい。ここで取り上げたいのは、戦国大名が領国統治の展開にあたって、この「国役」をどのように機能させていったのか、あるいはそれにどのように取り組んでいったのか、ということだ。戦国大名にとって、領国内すべての村落との結びつきは、この「国役」の徴収を通じてであった。そのため、戦国大名が「国役」のあり方をどのように変化させていたのか、それを追うことで、領国支配への取り組みをみることができるだろう。

そして、その状況が端的にあらわれるのが、大災害をうけた後の復興への取り組みである。現在の社会でも、たとえば、東日本大震災をうけて、被災地に対して租税の減免措置がとられることがあった。戦国大名も広域的な統治権力として、災害復興に際して「国役」のあり方を操作し対応を図ることがあった。あるいは、社会情勢の変化に対応して、「国役」のあり方を操作することもあった。

戦国大名全般を見渡した時、この「国役」のあり方がもっともよく把握できるのは、やはり北条家である。北条家の事例の数々からは、災害などを含めた社会情勢の変化をうけて、いかに対応したのかということについても、よく把握することができる。北条家はいったい、どのような社会情勢の変化をうけて、どのように「国役」のあり方を対応させていったのであろうか。

天文十九年の公事赦免令

北条家が、領国内のすべての村落に対して、同内容の法令を一斉に出した最初は、三代・氏康が天文十九年（一五五〇）四月一日付で出した虎朱印状とみなされる。これは前章で、目安制の全面展開を実現するものとして取り上げたものである。しかし、この法令の主眼は一律的な減税措置であった。目安制は、その実現を担保するものとして採用されたものになる。

この法令は、冒頭に「国中諸郡退転《たいてん》につき、庚戌《かのえいぬ》四月諸郷公事《くじ》赦免《しやめん》の様体《ようてい》の事」とあるように、領国内のすべての村落で「退転」、耕作百姓が少なくなる状況がみられたため、「国役」公事の減免を実現するものであった。そのため、この法令を「公事赦免令《くじしやめんれい》」と称している。内容は大きく二つからなっていて、一つ目は畠地を対象に賦課していた公事の改編であった。一条目にあたるもので、その部分については前章で掲げている。

そこで取り上げた相模東郡田名郷についてみれば、「百廿四貫七百九十一文（約一二一五万円）」の村高に対して七貫四八七文（約七〇万円余）の租税を課すこととし、それはそれまで畠地を対象に賦課していた「諸点役の替わり」であり、その税額は畠地の課税基準額について「百貫文の地より六貫文懸け」であった。すなわち、畠地の課税基準額に六パーセントの税率で賦課する方法に変更するというものであった。ここで新たに規定された税目は、「懸銭《かけせん》」と称された。それまで畠地を対象に、さまざまな内容の課税が行われていたが、それを一本化して懸銭という税目を創出し、さらにその税率を六パーセントの一律にしたのである。

そして、納期については「六月・十月両度に御蔵へ納むべし」とあるように、六月と十月とし、それぞれの月に半分ずつを納入させるものとした。要するに納期を統一したのである。納期が年二回で、六月と十月とされているのは、六月は夏麦、十月は秋作という、畑作物の収穫期に対応させたものであった。これによって北条家は、畠地賦課の「国役」について、懸銭という税目で、一律の税率・統一された納期に改編したのである。

二つ目は、一部夫役の廃止と銭納化であった。一条目の最後に、「廻陣夫《まわりじんぷ》をば年中八貫文の積もりにて、夫銭を以て出すべき事」とあり、陣夫役の一形態とみなされる廻陣夫についてては、これからは現夫《げんぶ》（実際に負担のために出ていくこと）ではなく、八貫文（約八〇万円）の夫銭《ぶせん》（銭納）で負担することに変更されている。「退転」による百姓不足の状況にあって、少しでも多くの耕作百姓を確保するため、優先度の低い夫役である廻陣夫につい て、百姓が実労働で負担するのではなく、その分を銭貨《せんか》で納入するよう指示している。こ れによって北条家は、納入された銭貨で人を雇い、同役を調達することになる。その分、 大名側の手間が生じるのであった。

また、掲出を省略した四条目は次のようなものになる。

(読み下し)

一、壱疋《ひき》〈小山・金子〉召し仕い候郡代夫《ぐんだいふ》、赦免せしむ事、

此の外御印判無き郡代夫、自今《じこん》以後立つべからざる者也、

(現代語訳)

一つ、壱疋(小山・金子)が召し遣っている郡代夫は、廃止にする。

このほか御印判状のない郡代夫については、負担しなくてよい。

ここでは、北条家の命令によらない、郡代夫が廃止されている。郡代夫というのは、郡

代が使役するために徴発された夫役である。北条家の領国は、郡や領などと称された行政単位によって、地域支配が分担されていた。郡代は、そこにおける行政長官にあたる。この行政単位は、主に北条家が戦争遂行のために徴発した「国役」の徴発範囲からなっている。郡代夫は、それらとは別に、郡代がその職務を遂行するため、郡内全域において徴発が認められていた夫役で、それまでは必要に応じて、その都度、徴発されていたと考えられる。各村における負担数も、郡代との間で決定されていたのが現状であっただろう。

氏康は、その郡代夫の徴発についても規制し、自らが承認したことを意味する虎朱印状をともなわない、郡代の命令書のみによる徴発には、応じる必要のないことを示したのである。すなわち、郡代独自に認められていた夫役徴発も、大名の命令によって行うこととしたのである。したがって、郡代にとって職務に必要の場合であっても、北条家が承認しなければ、徴発できなくなる場合が生じることになった。

実態は、郡代夫の名のもと、郡代がその被官《ひかん》らに私的に与えていた場合が多かったとみられる。この田名郷の場合でも、小山・金子が使役していた一疋分は、まさにそうしたものであった。したがってここでは、そうした私的流用を排除するのが、何よりの目的であったと考えられる。

この公事赦免令によって、氏康は「国役」公事に関して、①畠地賦課の雑多な諸税の整理・統合と賦課基準の一律化、課税額の定量化、納期の統一、②一部夫役の廃止・銭納化、を実現している。それは「国中諸郡退転」という、領国全域にわたる深刻な危機を克服するために行われた。雑多な課税状況から、単純化・統一化がなされた税制の改革は、村落に対しては減税措置となったことがうかがわれる。また実際に、廃止したり、銭納に切り替えることで負担を軽減させた。

北条家が、直轄領・給人領の区別なく、全領国規模で、こうした統一的な負担軽減を行ったのはこれが初めてであった。それにともない、全領国規模で統一的な税制が確立されていった。その結果、北条家の領国では、ほかの戦国大名に比して、極めて統一性の高い領国支配システムが形成されていくことになる。公事赦免令は、その出発点に位置するものであった。このことはすなわち、深刻な領国危機を克服するために、新たな支配システムが構築されたことを意味している。

税制改革の推進

氏康は、この天文十九年四月の公事赦免令を契機として、その他の税制についても整備をすすめた。北条家が領国全域において賦課・収取していた役銭にはほかに、田地を対象とした段銭や、屋敷地を対象にした棟別銭などがあった。それらは、余程の事情がない限り原則として免除されず、北条家にとってその収取による収入が極めて重視される租税だった。しかし氏康は、これらについても税率などの改定を行ったのである。

段銭は、田地の面積に応じて賦課額が決定されていたが、氏康は懸銭を新設した直後の天文二十一年に、この段銭についても賦課率を改定している。すなわち、この年、氏康は相模・伊豆両国において、段銭の賦課率を田地の課税基準額の八パーセント分に改定したのである。反別《たんべつ》（一反あたり）にすると四〇文（約四〇〇〇円）であった。この改定された段銭は、以後、「本段銭《ほんたんせん》」と称されている。それまでの段銭の賦課率については明確ではないが、一般的な段銭の賦課額は、一反あたり五〇文であることや、先に畠地に対する賦課税が整理され、実質的に減税されているところをみると、本段銭の設定も、従来の段銭からは減額されたものと推測される。

棟別銭は、段銭・懸銭といった村落の耕地に賦課されるものとは異なって、村落の正規の構成員である百姓の屋敷地に対する賦課税である。百姓の身分と屋敷地を基準とする賦課税は〝表裏一体のもの〟であったから、これは百姓に対する人頭税《じんとう》であったといってもいい。北条家は、村落の耕地については、検地《けんち》という政策によって課税基準額を確定したが、同時に百姓の屋敷地についても申告させ、棟別間数《けんすう》（屋敷地の家数）を確定し、棟別銭徴収のための台帳となる「棟別銭取帳《とりちよう》」を作成していた。

棟別銭の賦課額は、氏康の時の初め頃までは、一間あたり五〇文とされていた。しかし、公事赦免令が出された天文十九年頃に、一間あたり三五文に減額された。懸銭の設定、本段銭の設定と同様に、減額措置がとられている。これらはいずれについても、天文十九年に深刻化した、領国全域にわたる退転状況をうけて、全体的に役銭の賦課額を減額するという政策をとったものであった。そしておそらく、こうした対策の甲斐あって、領国規模における村落の安定的存立（「村の成り立ち」）の危機が、当面の間、回避されたと考えられる。

氏康は、領国の危機に際して、「国役」を減税することによって克服しようとしたのであった。それは、戦国大名家が領国全域の村落に対して処置することのできる、ほとんど唯一の復興対策であったといえる。

段銭《たんせん》・棟別銭《むなべつせん》の増徴

しかし、役銭は軍事費用の徴収であったから、その減収は戦争の遂行に大きな影響をもたらすことになったと推測される。氏康は、天文十九年四月の領国危機をその減額措置によって乗り越えたのであったが、その年の後半から軍事行動を再開し、しかも上野《こうずけ》にまで侵攻するようになった。

そうして天文二十一年には、上野国主であった山内上杉家を没落させるのである。さらに、翌同二十二年からは、房総里見家との対戦のため、上総《かずさ》・安房《あわ》に本格的な侵攻を展開する。いずれも、北条家の本国である伊豆・相模・南武蔵からは遠く隔たった地域であった。戦場が遠くなったということは、それだけ戦費が嵩《かさ》むことでもあり、大名家もその家臣にとっても多大な負担となったことは容易に推測される。

そうした状況をうけて氏康がとった対策は、段銭と棟別銭についての徴収額を増額するという、増徴政策であった。まず段銭については、弘治元年（一五五五）に相模・伊豆両国について、本段銭の三分の一、もしくは二分の一相当分の増額を行っている。この段銭はその後、「増《ぞう》段銭」と称されている。これは、本来の分に対しての増加分という、そのままの意味になる。そして同時に、武蔵については本段銭の設定を行っている。それまでの武蔵での段銭賦課がどのような状況にあったのかは判然としないが、ここで本段銭が設定されているということは、この時、初めて統一的な内容による段銭賦課の仕組みを構築したと考えてよいであろう。

そして棟別銭についても増徴した。この弘治元年に、「正木《まさき》棟別銭」という新税を創設している。これは棟別一間につき、一年おきに四〇文を徴収する、というものになる。「正木」とは麦のことであるから、実質的には畠作物を対象にした課税であった。しかし、それを畠地に賦課するのではなく、屋敷地を対象に賦課した。これは負担する百姓を限定する意味があったと考えられる。屋敷地を登録している百姓は、相対的に多くの耕地をかかえる存在であった。棟別銭を負担できているのも、そのためである。資産の少ない百姓は、実質的に屋敷があっても、それは検地において畠地として登録されていた。

屋敷地の認定は、本質的には村落の身分制に応じたものであった。屋敷地を登録するのは村落における正規の構成員であり、それは村落財政を負担する存在である。棟別銭の賦課は、そうした村落における負担体系に依拠して構築されたものであった。そして、氏康はここに、正木棟別銭という新税の負担を強いたのである。

なお、この正木棟別銭については、一年おきの賦課という決めごとが大名側・村落側の双方にとってわかりにくいものであったためか、五年後の永禄三年（一五六〇）になると、一年につき二〇文の徴収に変更されている。実際の負担量に変化はなかったが、徴収方法を変化させた。

このように、弘治元年になると、氏康は村落に賦課する役銭について増徴策に転じている。段銭については本段銭の二分の一から三分の一の増徴であったから、先の減税分を大きく上回る増徴であった。棟別銭については一年につき二〇文の増徴であったから、先の減税分を少し上回るものであった。しかしいずれについても、先の減税分を帳消しにし、さらに増徴したものであったことに変わりはない。

ちょうどその年、氏康は武蔵の河越《かわごえ》領（埼玉県川越市周辺）と松山領（同東松山市周辺）で、領域的な検地を施行したことが確認されている。これらの検地は、村落への課税基準額を設定するものであり、そこで田地・畠地・屋敷地への課税基準額が設定されたことからすると、この検地が、武蔵における本段銭の設定、正木棟別銭の賦課を目的にして行われたものであったことは確実であろう。

こうして氏康は、軍事行動が拡大する状況に対応して、弘治元年、村落に賦課する役銭を改定し、相模・伊豆両国では大幅な増徴政策をとったのであった。そして同時に武蔵で、統一的な税制体系を適用したのである。いうまでもなく、それらは一体的に行われたと理

解してよい。そして、正木棟別銭の徴収方法を変更した永禄三年をもって、北条家による
それら役銭についての税制は、最終的な確立をみるものとなっている。
　氏康が天文十九年から取り組んだ税制改革によって確立したそれらの制度は、それから
三〇年後に北条家が滅亡するまで、変わることなく継続されるのであった。災害復興のた
めに一律の減税を行い、逆に財政支出の拡大のために一律の増税を行うことで、氏康は社
会情勢の変化に対応していたといえる。しかし、そのことが可能であったのは、氏康が、
領国全域を対象にして、統一的な税制を構築していたからであった。そうであるからこそ、
税制を操作することで、領国全域に対して一律の対応が可能であったといえる。

第四章　徴税方法の変革

納税方式にいつ変化したか

現代に生きる私たちは、租税を納入する際、自分のほうから納付するかたちになっている。口座引き落としの方法をとっている場合には、そのことを認識しづらいかもしれない。しかし、その方法をとらなければ、政府・地方自治体から送付される納税通知書に付された納付用紙によって、直接役所に行ったり、あるいは銀行・郵便局など金融機関に赴いて、規定された期限までに納付することになる。このように、現在では納期までに、納税者から納税先に納付するという方式がとられている。

しかし、古代以来の納税の歴史をみると、納税というのは長い間、徴収者が取り立てにきて、それに納付するかたちがとられてきた。その徴収者は、たいていは請負契約を結んでいた代官や年貢催促使といわれる者で、徴収にあたっては〝取り立て専門屋〟のような存在を雇って行われた。そのため、徴収は時に暴力的に行われた。なぜかといえば、滞納があった場合、その相当分をその場で取り立てることになっていたからである。

さらに、そうした徴収者が訪れてきた際には、村落のほうで滞在の面倒をみなければならなかった。宿泊の提供や滞在中の食事の提供などである。第一章で、北条家の村宛配符の実例としてあげた天文十一年（一五四二）の虎朱印状において、「催促として使を越すべく候えども、百姓造作《ぞうさ》たるべく候間（催促のために使者を派遣すべきであるが、百姓の出費になるので）」という文言があった。催促使を派遣すると、村落が滞在の面倒をみなければならなくなるので、村落の出費が嵩むといっているのは、まさにそうしたことを指している。

そして、納税分の満額を用意できなかった場合、その不足分や滞納分は未進《みしん》と称されたが、その穴埋めに、妻子・下人《けにん》・牛馬や穀物などの財産が質《しち》として取られた。第二章で、北条家の目安制に基づいた裁許朱印状の実例として、永禄三年（一五六〇）の相模西郡酒匂代官に宛てたものをあげ、その際、年貢の質として俵物を取っていたが、まさにそれにあたる。奪われる側は実力で抵抗するから、徴収側はそれを上回る武力を行使する。そうすることで、取り立てを実現するのであった。いってみれば、現代における〝サラ金の取り立て〟のようなもので、それが一般的にみられたということである。

あるいは、徴収者が立て替えて、徴収者と未進者の間で、土地などの財産を担保にし、売買・債務の契約が結ばれ、処理されることもあった。その場合、領主には請負の徴収者から税が納入されて、納税自体は完了するものの、徴収者と納税者の間には、新たに債務関係が作り出されることになった。この手法が成立するのも、徴税という行為が長い間、請負契約によって行われていたことによる。

そのようなあり方が、納税者のほうから納付する、現在にもみられる方式に変わったのは戦国時代のことであり、戦国大名による「国役」徴収においてであった。そして、その変化を具体的に知ることができるのもまた、北条家の事例なのである。

滞納分の債務化

納税方式をとること、それと一体となるのが、納期の規定である。納税方式というのは、催促使を派遣しない代わりにとられた方式だから、当然、納期をきちんと示すことが必要となる。先の天文十一年の虎朱印状でも、「来る二十日以前に」とあって、今度の二十日までの納付が命じられている。その虎朱印状は、十六日付であったから、この場合は四日のうちに、ということになる。

それともう一つ、納税方式にともなってみられるようになったのが、滞納分について債務化するということである。現在、期限までに納付が間に合わなかった場合、遅延した日数に応じて延滞金が課されることになる。その延滞金は、納税額に対して一定の比率で設定されている。滞納があった時点で取り立てに行ったら、納税方式をとる意味がない。そのため滞納が生じたら、それに追徴課税するという方法がとられるようになった。

ちなみに、それでも滞納が続いたら、所轄官庁による財産差し押さえとなる。いってみれば、滞納分の質として財産を没収するということであり、それは戦国時代以前に一般的にみられていた、暴力的な租税の取り立てと本質的には異ならない。このことから認識できるのは、支配権力による徴税というのは、そもそも暴力的な行為であったということである。それは掠奪《りゃくだつ》と紙一重とすらいえる。しかし掠奪と異なるのは、徴税の見返りとしての何らかの保護・保証が持続的にもたらされるということであろう。

それでは、このような延滞金の仕組みはいつから生まれたのか。それは納税方式の導入と同時のことであった。そして、その実態を知ることができるのが、北条家の事例である。徴税方式から納税方式への変化、それにともなうあらかじめ設定された納期の規定、滞納分への債務化という仕組みは、北条家において最初に確認できるものである。そのほかの戦国大名でも、同様のことは確認され、江戸時代にも継承されたが、そうしたなかで北条家の事例は、明確に最初のものになる。

徴税方式から納税方式へ

具体的な事例としてあげられるのは、北条家が「国役」として領国内のすべての村落に賦課していた公事のうち、役銭と称されるものである。なお「国役」には、役銭とは別に、郡代を通じて徴発される大普請役などがあったが、こちらは労働力の徴発であり、実際に村落の百姓が出頭するかたちがとられていたから、銭貨で納入される役銭の場合とは、基本的に性格が異なるものであった。

すでに述べたように、北条家が領国内すべての村落に賦課していた役銭には、段銭（田地賦課）・懸銭（畠地賦課）・棟別銭（屋敷賦課）・城米銭（村高賦課）などがあった。当初、それらの徴収は、北条家の直轄領であれば代官、北条家家臣の所領であれば給人（「地頭」）が、その徴収にあたっていた。たとえば、弘治三年（一五五七）八月、相模西郡飯泉《いいずみ》郷（神奈川県小田原市）の本段銭は、同郷給人の小笠原康広《おがさわらやすひろ》から北条家の担当奉行の藤田綱《ふじたつな》高《たか》・関為清《せきためきよ》に納入されている。同年八月八日付で藤田綱高・関為清から小笠原康広に宛てて連署書状が出されていて（戦北四〇五七）、そこに「飯泉の本反銭の内拾余貫進《まい》らされ候」とある。

また、天文十九年（一五五〇）四月の「公事赦免令」で新設された懸銭については、導入の当初、村落から北条家の奉行への納入となっていた。同年閏《うるう》五月十三日付で相模東郡磯辺《いそべ》（神奈川県相模原市）代官・百姓中に宛てた虎朱印状（戦北三七三）には、懸銭について、「六月十五日以前に八百文、小田原へ持ち来り、関弥三郎《せきやさぶろう》に渡すべし」とあって、小田原城まで持参して、担当奉行の関弥三郎に納入することを命じている。ちなみに、ここでの納期は、納入命令が出されて一ヶ月ほど後の設定となっている。

ところが、翌年になると、懸銭の納入は他の役銭と同じく、代官・給人を通じての納入になっている。その年、天文二十年六月十三日付で伊豆立野《たちの》郷（静岡県下田市）の給人江《え》川太郎右衛門尉《がわたろうえもんのじょう》に出された虎朱印状には（北条補遺一二六）、

（読み下し）
私領立野郷懸銭の事、卅《さんじゅう》貫役当年より出すべき辻壱貫八百文也、此の内河流れの儀申し上げ候間、三か一御免、残って三か二の分毎年無沙汰無くこれを出すべき者也、

（現代語訳）

私領立野郷の懸銭について、三十貫文役について今年から出すべき額は一貫八百文である。そのうち河流れ地が生じたという申請があったので、三分一を免除し、残る三分二の分を毎年、おろそかにしないで納入しなさい。

とあって、立野郷の懸銭の納入は、給人の江川太郎右衛門尉に命じられている。これによって懸銭も、導入の翌年には、給人が村落から徴収して、給人から北条家の担当奉行に納入される方法になったことがわかる。したがって、弘治年間（一五五五〜五八）頃までは、それらの役銭の徴収は、代官・給人が行い、彼らが北条家の担当奉行に納入していたとみなされる。

状況に変化がみられるのは、永禄五年（一五六二）九月、相模玉縄領田名郷（神奈川県相模原市）の場合からである。同年九月二十四日付で田名之郷小代官《こだいかん》・百姓中に宛てた虎朱印状に（戦北七八九）、次のように記されている。

（読み下し）

四貫八百文　　段銭、十月十日を限って、山上《やまがみ》にこれを渡すべし、

四貫九百九十二文　懸銭六月分共に、十月十五日を限って、同人に渡すべし、
三百文　　　　城米銭を以て、十月晦日《みそか》を限って、神保《じんぼ》にこれを渡すべし、
　以上、
右の役銭、当作員数に随い、仰せ付けらるるの上は、日限御定めの如く、奉行人にこれを渡せ、皆済《かいさい》の請取を取り、霜月二日・三日の間に、小田原へ持ち来り、関（為清）・安藤（良整）両人に相断るべし、其の儀無きに付いては、郷中無沙汰歴然の間、罪科に懸けらるべきの旨、仰せ出さるる者也、

　ここでは、段銭・懸銭・城米銭について、納税額と納期、そして納入先の担当奉行人が指定されている。納入先のうち、段銭・懸銭についての山上は北条本家の奉行人であるから、小田原城であった。城米銭は、田名郷は玉縄領に属している村落であり、納入先の神保は玉縄城（神奈川県鎌倉市）配属家臣の玉縄衆の一員であったから、玉縄城であった。

　そして、それらの役銭について、期日までに担当奉行人に納入して、皆済したことを証明する請取状を出してもらい、十一月二日・三日にそれを小田原城に持参して、勘定奉行にあたる北条本家の家臣の関為清・安藤良整《りょうせい》に提示・確認してもらうことを命じている。

さらに、そのことがなかったなら、村落の滞納が明らかなこととなので処罰を行う、としている。

これによってこの永禄五年には、段銭・懸銭などの役銭が、村落から担当奉行人への納税方式に変更されていることが確認できる。しかも、そこでは請取状、すなわち領収書を発行してもらうことになっていて、それを役銭徴収を所管する勘定奉行に提示して、皆済したことが確認されるという方法がとられていたことがわかる。また、この虎朱印状は、まさに村落に宛てられた配符にあたるが、これ以後、それら役銭の納入はすべて村落から担当奉行人に行われていることが確認されている（則竹雄一「北条領国下の年貢・公事収取体系」藤木久志・黒田基樹編『定本・北条氏康』所収）。

そしてこのように、村落から直接、担当奉行に納入されるあり方を、当時は「百姓直《じき》納《のう》」と称している。代官・給人を通すのではなく、村落から直接、大名家に納入されることから、そう表現されたのであった。

変更の契機と理由

それでは、役銭の徴税方式から納税方式への変更が行われた時期は、いつと考えられるか。具体的な史料からは、弘治三年（一五五七）から永禄五年（一五六二）の間ということしかわからないが、そのことを考えるにあたって注目したいことがある。それは、役銭に関する配符が、永禄三年から村宛に出されるようになっていることである。同年九月一日付で武蔵小机《こづくえ》領谷上《やがみ》（神奈川県川崎市）代官・百姓中に宛てられた虎朱印状では、正木棟別銭七一一文を、今月晦日《みそか》までに納入することを命じ、滞納したら代官・百姓を処罰することを通達している（戦北六四〇）。

　これは、役銭に関する配符が村落に宛てられたものとして、天文十九年（一五五〇）における懸銭の創出直後の場合を除いた、最初の事例である。それまで配符は、先に取り上げた江川宛のように、代官・給人に宛てて出されていた。それがこの時からは、すべて村落に直接に出されるようになっている。このことに注目すると、変化は同年にあったと思われる。村落が直接に納入することになるから、配符が村落に出されるようになったと考えられるからである。

　そして、このことに関連すると考えられるのが、北条家による年貢・公事の未進規定の制定である（西戸雄一郎「未進年貢諸役に関する規定と戦国大名――武田氏・北条氏を事例として」拙編『北条氏政』所収）。北条家はそこで、役銭について未進が生じた場合、未進分について利息を付した貸付《かしつけ》としており、それでもなお未進した場合には、奉公人・催促人を派遣して、妻子・下人・牛馬などの財産を強制的に質取り（差し押さえ）することを規定している。こうした規定は、永禄三年のいわゆる「徳政令」を機に成立したことが明らかにされている。

先に述べたように、それまで役銭は、代官・給人を通じて徴収されていたのだが、未進が生じた場合、その取り立てには、大名が奉公人（「中間《ちゅうげん》」や「公方人《くぼうにん》」と称された）を派遣して、譴責（強制的な取り立て）していたらしい（戦北二一二）。当然のことながら、村落ではこれに抵抗したから、譴責となれば、それは大名側と村落との間に紛争を生じさせることになる。また、すでに減免が加えられていた場合には、未進の百姓は斬首《ざんしゅ》とされ、徴収に責任を負っていた代官・給人にも科刑された（戦北三七三）。そのため、代官・給人も懸命に徴収にあたらざるをえなかったのである。

しかし、これらの方法では、村落の疲弊を招くことになる。それは、大名・村落の双方にとって好ましいものではなかった。百姓が斬首となれば、村落における百姓の減少をもたらすことにもつながり、ひいては村落における耕作面積を減少させ、それによって給人が収取する年貢・公事、大名が収取する公事の減少をもたらすことにもなりかねないからである。

そうしたところ、永禄三年の「徳政令」を契機として、納税方式への変更と、それとあわせた未進分の債務化への変更が行われた。北条家はそこで、役銭における未進について、ただちに譴責するようなことはせず、日利《にちり》およそ八パーセントの利息を付した貸付とした（戦北一三〇〇など）。当時の一般的な貸借における利率は、年利五割あるいは月利五パーセントであったから、この利率は当時としてもかなりの高利であったが、譴責や斬首に至るよりはましな方法と考えられたのであろう。

そのうえで、なおも未進した場合には、北条家から奉公人・催促人が村落に派遣されて、彼らによって「譴責」、すなわち妻子・下人・牛馬などの財産を強制的に質取り（差し押さえ）することを規定したのであった。実際、同六年には、そのような場合には「譴責」を行うこととされている（戦北八二二）。

これらのことによって、転機になったのは、永禄三年「徳政令」とみることができる。その「徳政令」とは、永禄三年二月・三月に、北条家が領国内のすべての村落に対して出した一斉法令で、この年の年貢の納入方法についての有免《ゆうめん》措置（現物納の容認、後述）と、百姓の債務を破棄する徳政を行ったものであった（戦北六二三〜六二四）。北条家にとっては、天文十九年の「公事赦免令」以来の、統一的な村落宥免の一斉法令であった。その背景には、弘治三年から続く天候不順を要因とする、東国全体におよぶ飢饉の状況があった。「徳政令」を出す直前、北条家の当主は氏康から氏政への代替わりが行われ、新たな国王のもとに「徳政令」を出すことで、復興対策に取り組んだのである。

深刻な飢饉によって、領国の存立が危機的状況になっていた。この事態をうけて、北条家は、村落による年貢・公事の負担能力の維持のため、何かしらの対策をとらざるをえなかった。そこで取り組んだのが、納税方式の採用と、それにともなう未進の債務化という対応であったと考えられる。

なお、債務化の利率は当初、日利八パーセントという高利であったが、それもやがて改定されている。元亀二年(一五七一)八月には、遅延一日で日利二パーセント、五日で八パーセント、十日で一三パーセントというように、遅延日数によって利息が上昇する方法に修正されている(戦北一五〇六)。日利八パーセントが確認されたのは、永禄十二年であったから、それから三年のうちに、そのように細分化された規定に変更されていることがわかる。納付期限からの経過期間によって利率の上昇がみられるのは、現在の租税の延滞金の方式と同様である。その方式も、北条家のこの事例に始まりを見出せるのである。

村役人制の成立

この納税方式の変更は、納期・納入先の規定、滞納分の債務化といった、納税方法の変更にとどまらず、収取体系にも大きな変更を生み出した。それが村役人《むらやくにん》制の成立である。

村役人とは、村落の百姓が、領主の徴収実務を担う役割の役職に任命されて、その役《やく》料《りょう》を支給される存在で、支配権力の末端に位置するとともに、支配される百姓でもあった。現在でも教科書では、江戸時代からみられることだと記されている。代表的な村役人として、名主《なぬし》（庄屋）・組頭・百姓代があげられているであろう。しかし、そうした村役人制は、それより前、戦国時代に生み出されていた。

戦国大名の領国に、「名主」という村役人が存在していたことは、早くから注意が振り向けられていた。しかし、その実態が十分に判明しないため、江戸時代における村役人と同質のものかどうかの判断は避けられていた。ただし現在では、戦国時代の村落が、江戸時代の村落につながる性格にあることが明確となり、そのことから、領主権力と村落の支配の結節点に位置する村役人も、同質のものと判断できるようになった。

そうした戦国時代の村役人の実像についても、もっともよく認識できるのが、同じく北条家の事例である。しかもそこでは、そうした村役人がどのような契機に登場することになったのか、どのような役割を負っていたのかということまでわかるのである。そして、北条領国にみられた村役人にあたるのが、「小代官」と「名主」であった。そのほかに、「定使《じょうづかい》（大名・領主との連絡係、村内への通知係）」「百姓頭（租税納付の際の穀物の計量担当）」という存在も確認されるが、主要な役割を担ったのは、小代官と名主である。

私事を記すことに許しをいただければ、私の戦国大名研究は、この北条領国における小代官と名主についての検討を出発点としている。それは卒業論文で取り組み（一九八九年）、それを学術論文として公表したのはそれから四年後のことであった（一九九三年）。そこでは、小代官と名主の性格の解明までは果たすことはできたものの、それがどうして成立したのかまでは解くことができなかった。それを解明することができたのは、未進分の債務化の発見をうけて、ここで述べてきた納税方式の変更の発見にともなっている（二〇一三年）。検討に取り組んでから、実に二五年という歳月の末、ついに解明することができたのである。

小代官が史料に登場してくるのは、永禄四年（一五六一）が最初となる。また名主が、北条家による全領国的な収取に関わる者として史料に登場してくるのは、その前年の「徳政令」からのことであった。しかし、頻繁に登場してくるのは、年貢・公事の現物納化が採用された同七年からのことになる。なお、このことは第五章で取り上げる。両者の役割は明確に異なっていて、小代官は年貢・公事の徴収側にあって、直接に徴収責任を負う下級役人であった。対して名主は、村落から大名・領主への納税に責任を負う納入責任者であった。もう少し、具体的にその役割をみていこう。

小代官と名主の役割

小代官は、北条家が領国内のすべての村落に賦課していた役銭などの徴収、北条家から村落に出すさまざまな命令などにおいて、現地で責任を負った存在である。もとは給人・代官の家来（手代《てだい》）にあたるような存在であったが、そのような北条家からの命令にともなう職務にあたることで、北条家から直接に任免《にんめん》をうける存在となり、それを小代官と称するようになったと考えられる。

小代官には、担当する村落から支出されるかたちで役料が与えられたが、おおよその場合、村落への課税基準額である村高の三パーセントに設定されていた。ちなみに、直轄領の所領支配を代行する代官は、その役料が村高の一割にあたっていたから、この役料の違いによって、両者の役割にも違いがあることが認識できる。小代官であっても、史料では単に「代官」としか記されていない場合があるが、役料をみることで、それが代官なのか、小代官なのかの判別もつくのである。

その職務は、直轄領では年貢・公事全般の、給人領においては北条家が収取する「国役」公事の徴収にあたった。小代官になったのは、当該の村落の住人や近隣の村落の住人など、在地の有力者が多いのが特徴である。なかには、名主と兼帯する者もみられた。また、それが北条家と主従関係を結んで、その在郷被官（百姓の性格を維持したままの家臣）となった場合には「代官」と称された。

北条家からの租税徴収や命令遂行の責任者とされたことから、規定の徴収が実現できない場合、命令が遂行されなかった場合、あるいは「村の成り立ち」を妨げたような場合には、まず最初に責任をとらされた。規定通りの徴収ができない場合、「公方役《くぼうやく》・伝馬役等無法を致すについては、小代官を罪科に処さるべし」（戦北九三八）などというように、それは彼らの対応が悪いからだ、と扱われて、まず処罰の対象にされた。その処罰は、斬首・遠島《えんとう》ということも珍しくはなかった。それとともに、北条家は彼らの主人の頭越しに、その任免を直接に行うようになった。

名主は、「相定まる分銭《ぶんせん》、厳密に調《ととの》え候様に」（戦北九六九）などとあるように、負担すべき年貢や公事をきちんと用意するための、納入側の責任者として位置づけられた存在である。そして、もし村落で未進が生じれば、まず名主が処罰の対象とされた。これはまさに、納税方式の採用にともない、納税する側の責任者が必要とされた、ということによる。その背景には、目安制による役人側の不正排除があり、それは納税する側の責任の明確化と〝表裏の関係〟にあるといえるだろう。

そもそも、名主という存在は、領主との支配関係で、村落側における収納の代表者という立場にあった。現地の収納実務を執《と》り行う役割を負っていた。そのため、領主からは名主給・名主免といった、給分・免分を与えられていた。具体的には、自身が納入すべき年貢などの一部を、そうした実務の反対給付として、免除されたのである。

こうした存在は、それ以前のいわゆる荘園制の段階から、村請《むらうけ》の展開にともなってみられるようになっており、北条家の領国でも、早くから確認されている。永禄三年の徳政令においても、名主の存在はみられていた。しかし、このような存在であった名主が、北条家の支配文書のうえで頻繁に登場してくるようになるのは、永禄七年以降のことである。

さらに、名主は「村の成り立ち」そのものにも責任を負う立場となっていった。たとえば、村落の退転した状況に対して、年貢などの減免をうけた場合、「申し上げるに任せて、かくの如き御仕置きを仰せ出され候、畢竟《ひっきょう》聊《いささ》かの所も田畠不作致さざる様に走り廻るべし」（戦北四七五五）というように、要求通りに減免したからには、その分の年貢などの納入を果たすことが求められ、そのため村落が退転しないように、日頃からの心がけを要求された。これも、北条家が年貢・公事減免をはじめとして、さまざまな「村の成り立ち」のための対策を行っていったことと〝表裏の関係〟にある。これだけ配慮したのだから、義務は果たせ、というものであろう。その責任の所在が、名主に置かれたのである。

　このようにして、村落で納入責任を負った名主という村役人の制度が生まれた。ほとんどの場合において、名主は村落のなかでも有数の有力百姓が務めた。名主のような、領主側に対する村落の政治的代表者、納入責任者のような存在は、それ以前から存在していたが、役銭の直納体制の展開にともなって、名主は明確に村落側の納入責任者の地位に置かれるようになり、日頃から不作などを生じさせないような心がけを要求され、実現できない場合には処罰の対象とされたのである。

村役人制成立の意義

こうして、永禄三年（一五六〇）からの、役銭についての百姓直納体制の展開にともなって、小代官・名主に代表される村役人制度が作り出された。それまで代官・給人によって役銭の徴収が行われるなか、未進分は北条家からの譴責によって、債務化・質取りが行われた。しかし、そのことが北条家への役銭の納入における未進だけでなく、村落の退転をもたらしていた。こうした状況に対して北条家は、代官・給人による役銭の徴収を排除し、村落から担当奉行に直接に納入させることにして、現地での徴収責任者として「小代官」を設け、また村落側での納入責任者として「名主」を位置づけて、あわせて未進に関する規定を取り決めた。

これによって、徴収する側と納入する側との役割の分担と、責任の所在が明確化されるようになった。徴収側の現地責任者である小代官は、当該村落もしくは地域における有力者が担い、名主は当該村落の有力者が務めた。ともに地域の有力住人によって担われるものとなったが、なかでも名主は、大名・領主支配における下級役人であるとともに、村落の代表者でもあるという両面を持った。

これらについて、かつての研究では、村落や地域の代表者が、大名・領主側に取り込まれたものとする見解も出されることがあった。しかし、それらの対応が「村の成り立ち」

のための対策によるものであったことからすると、この評価は異なるものといえよう。それまでの徴収者は暴力的に取り立てていたという実態を踏まえれば、これは大名・領主の収納実務を、現地で担うようになったといったほうがよく、それは在地の村落における力量の成長として評価すべきことといえる。そしてこの村役人の制度も、そのまま近世社会に引き継がれていくことになる。それは大名・領主による村落支配を、安定的かつ平和的に実現する仕組みであった。

ちなみに、こうした村役人という存在は、現代の社会ではほとんどみられなくなった。しかし、少し時間をさかのぼってみると、自治会長や組長といった存在がそれにあたるのではないか。納税という側面においては、高度経済成長にともなう市民のサラリーマン化や、租税の口座引き落としのようなテクノロジーの導入によって、自治会長が租税をとりまとめるような場面など、もはやなくなっている。しかし、そうした時代になってもなお、農協への納付金のとりまとめなどで、そうした機能が存続していた地域もあった。また現在でもまだ、役所からの通達などが自治会を通じてもたらされていることもある。納税の側面においては役割を消滅させているものの、統治権力と民衆を結ぶ機関としては、依然として機能している部分もいまだ残されている。

ただそうはいっても、その機能の縮小ぶりは甚だしいものがある。これは個々の民衆の社会主体化の進展の裏返しの事態とみなすことができる。日本の民衆はこれからようやくに、個々が社会全体として確立していくことになるのだろう。

第五章　市場関与と現物納

戦国大名が広めた市場への介入

現代の社会で政府による市場への介入というと、金融市場における株価に対する介入や、為替相場に対する介入を指すことが多い。しかしそれらは、一九八五年のプラザ合意や一九九〇年代後半の金融ビッグバン以降、みられるようになったものといえるだろう。これらは、現代社会におけるグローバル化の進展にともない、金融市場の占める割合が大きくなっていったことを認識させる。ただし、その前提となる国内の実体経済への介入は、それ以前より行われていた。商品価格に対する規制や物価の操作である。

統治権力による物価の操作など市場への介入としては、江戸幕府八代将軍・徳川吉宗の取り組みがよく教科書などであげられる。米と商品の価格への対応から米相場に介入し、あるいは商品価格を規制するといったものである。ここには、国内経済への典型的な市場介入のあり方をみることができるし、江戸幕府の動きとしてとらえた場合も、全国的な市場形成への対応のなかでみられるようになったものと理解される。しかし、全国規模ではなく、領国という範囲でみた時、統治権力による市場への介入はいつからみられるようになったのであろうか。

それは、領国という一定範囲の政治社会が形成される、戦国大名に始まったといえる。それ以前の室町幕府・鎌倉府といった統治権力は、そもそも直接に民衆統治を行っていなかった。民衆支配は個々の領主権力によって行われていた。しかも、その所領は分散していたため、支配権力は分節化・多元的な状態にあって、そもそも一定領域を支配するというあり方自体がみられなかった。そのため、市場への介入という発想すら生まれなかった。当時の市場経済は、政治権力が統制できる性格のものではなく、ある種の自然状態に委ねられていたと考えてよい。

ところが、戦国大名は一定領域に対して、一元的・排他的に統治する権力の性格にあった。そこでは、領国内のすべての村落に対して、戦争の費用となる「国役」を徴発・徴収することで権力が成り立っていた。そのためには、それらすべての村落が、大名への国役の負担に応じることができる状態を維持しておかなければならなかった。そうしたなかで、市場への介入が行われることになったのである。その第一歩となったのが、流通貨幣についての規制であった。これは「撰銭《えりぜに》対策」と称されているが、その状況をよく知ることができるのもまた、北条家の事例である。

銭納から現物納へ

前近代社会において、租税の納入は生産物によって行われていたと認識している方は多いのではないだろうか。しかし、これは誤解である。そのような認識は、江戸時代における租税の納入が、生産物によって行われていたところから生まれているのであろう。しかし、戦国時代まで、租税の納入の基本は貨幣によるものであった。貨幣といっても、銭貨になったのは中世からのことで、古代においては布であった。もちろん、それ以外に特産物が現物で納入されることはあったが、そういう特別な場合を除き、貨幣による納入であったと理解される。

この状況を踏まえると、江戸時代は生産物による租税の納入が行われていた、ということ自体が、実は例外的な状況であったといえるのである。とはいえ、江戸時代においても、生産物がそのまま租税の納入の対象になっていたのかというと、これがそういうわけでもない。たとえば、米は租税の納入に認められる品質のものと、そうでないものに区分されていて、前者は「能米《のうまい》」と称されている。能米の収穫量が少なかったり、そもそも生産されていない場合に、村落は能米を購入して納付していた。したがって、江戸時代の村落がすべて村内での生産物で賄い、租税を納入していたわけではなかった。

とはいえ、戦国時代までの貨幣のみによる租税の納入を基本とする方法と比べるならば、多様な生産物をもとに納入していたことはその通りで、江戸時代においては生産物による現物納が基本であったと評価することは妥当といえる。それでは、どうしてそのような変化がみられたのであろうか。

そのことについて、教科書に説明はない。一般的な学説でも、豊臣政権における石高《こくだか》制の成立と結びつけて理解する傾向が強いように感じられる。しかし、石高制は、あくまでも社会的富を評価する方法の一つにすぎず、それは銭貨を単位とする貫高《かんだか》制や、穀物量を単位とする俵高《ひょうだか》制、穀物の播種《はしゅ》量を単位とする蒔高《まきだか》制などと、本質的には異ならない。

ただ、そうはいっても、戦国時代に石高制が成立した地域で租税の納入が生産物で行われるようになったのは確かである。そうした地域では当てはまるわけであり、これが石高制の成立にともなって起こったこととする理解は完全な誤りではない。しかし、石高制以外の方法でも、貨幣納から現物納に転換をみせていることから、全く正しいともいえないのである。つまり、現物納への転換は石高制であろうがなかろうが、関係なくみられたのである。そして、その変化をもたらした要因が、撰銭対策であった。

北条家の事例からは、これらの経緯がよく把握できる。その領国は、銭貨の単位で社会的富を評価する貫高制を採用する地域であったが、やはり租税の納入に銭貨納から現物納への転換がみられたのである。

撰銭《えりぜに》という社会現象

北条家が市場への介入を行うようになったのも、租税の納入を銭貨納から現物納に転換させたのも、いずれも撰銭対策のためであった。撰銭というのは、流通する銭貨についてその銭種によって流通から排除する行為をいう。撰銭されると、その銭貨は貨幣として通用しなくなるわけで、よって撰銭対策とは、それを禁止あるいは抑制して、市場に流通する銭貨量を維持しようとする対策なのである。

中世日本における銭貨は、銅銭が中心であり、基本的には中国銭であった。中国王朝によって鋳造《ちゆうぞう》されたもので、いずれも一枚一文《もん》（約百円）で通用した。とはいえ、すべての銅銭が真性の中国銭だったわけではなかった。戦国時代に入る頃、中国では銅銭の鋳造が行われなくなっていた。そうすると銭貨量が不足するので、中国で模造《もぞう》銭が鋳造され、さらには日本国内でも模造銭が鋳造されるようになった。戦国時代に流通していた銅銭は、実は国内製の模造銭が大半であったとすらみなされている。しまいには銅銭の形態を維持していないような、劣悪な品質のものまでみられるようになったが、それらすらも貨幣として流通したのであった。

中国銭は、宋《そう》王朝・明《みん》王朝で鋳造されたもので、その種類は数十種類にのぼっていた。そのなかで、種類によって価値が差別化されており、一枚が額面通り一文として通用するものを精銭《せいせん》（上銭）、それより価値の低いものを地悪銭《じあく》（中銭）、もっとも価値の低いものを悪銭・新銭といっていた。撰銭という行為そのものは、すでに鎌倉時代から行われており、異なる銭種が同時通用するために必然的に行われる、社会慣行であった。

ところが戦国時代には、その撰銭がしばしば異常な状態で行われるようになった。たいていの場合、従来の悪銭だけでなく、それまでは十分に銭貨として通用していた地悪銭までが撰銭され、精銭のみしか通用しなくなるという状況が生じていた。こうなると、精銭を用意できる人々は限定されるから、社会は貨幣不足に陥り、深刻な社会問題となった。なお、現代社会においては、国家による貨幣鋳造権が確立されているため、このような現象を想像するのは難しいであろう。そこで身近に起こる、類似した現象をあげるとすれば、自動販売機で紙幣や硬貨が反応しないような場合といえば、少し思い当たるのではないだろうか。この場合、その紙幣や硬貨はその瞬間、貨幣でなくなる。そのため、私たちはあらためて、別の紙幣や硬貨を投入せざるをえなくなる。これこそが現代にもみられる撰銭といえる。

さて、こうした社会問題化した撰銭を、私は「撰銭問題」といっている。この撰銭問題は、まさに戦国時代になってからみられるようになった。撰銭問題は、時期的にも地域的にも流動的に発生していて、さらに一年という単位のなかでも時期によって発生した時期と、そうでない時期があった。また、撰銭の具合や程度も変動的であった。こうした状況から、撰銭問題も一つの社会現象とみることができる。

それでは、どのような社会状況で撰銭問題が生じているのか、ということをみていくと、そのほとんどが、飢餓状況にある年の、さらに端境期《はざかいき》にあたっている。簡単にいえば、穀物（種籾《たねもみ》・食糧）がもっとも不足している時期である。穀物の不足が異常な撰銭を引き起こし、精銭を用意できない人々は、流通・売買から排除されることになった。そうすると、実際に穀物があったとしても、購入できない人々が多く生じる。その結果として、それらの人々は新たな耕作もできず、不作化が拡大したりする。あるいは、多くの人々が餓死し、飢饉が生じ、さらにそれが拡大することにもなる。撰銭問題は、戦国時代における飢饉状況に連動したものであった。そして、こうした問題がしばしば生じていたのである。そうであるからこそ、戦国大名はその対策にあたらざるをえなかったのである。

北条家の撰銭対策の開始

戦国大名による撰銭への対策では、基本的には撰銭状況の解消が行われた。撰銭されている銭種のうち、悪銭の排除だけを容認し、その他の銭種については精銭と同等の貨幣とみなし、通用を促すというものであった。そのために出された法令を、「撰銭禁令」と称しているが、戦国大名が最初に出したのは、文明《ぶんめい》十七年（一四八五）、周防大内《すおうおおうち》家によるものとされる。

撰銭問題について、北条家による初めての対応が確認されるのは三代・氏康の時で、「公事赦免令」が出された直後、天文十九年（一五五〇）閏五月のことである。北条家にとっては初めて撰銭に関する規定に言及しており、おそらく慣習に従ったものであろうが、四種類の悪銭を規定し、その撰銭を認めている。逆にいえば、それ以外の撰銭の禁止を図っているのである（戦北三七三）。

これによってこの時期、北条家の領国において、撰銭現象が発生していたことがうかがわれる。ちょうど「国中諸郡退転」という、領国危機の直後にあたるから、その影響によって生じていたと考えられる。さらに、この閏五月という時期は夏麦を対象にした年貢・公事の納期を控えており、この規定もそれへの対応から出されたものであった。当時、年貢・公事は精銭による納入であったから、撰銭は大名・領主の収取に大きな影響を与えることにもなる。そのため、氏康はこの撰銭問題について、真剣な対応をとっていった。

その後、しばらく撰銭に関する史料がみられないから、北条家の領国では、大名の収取を動揺させるほどの深刻な撰銭問題は生じていなかったと思われる。その次にみえるのは、永禄元年（一五五八）五月十一日、氏康が領国内の村々に対し、撰銭について規定した法令である。北条家の領国で再び、撰銭問題が生じていたことをうかがわせる。実は前年の弘治三年（一五五七）は、隣国甲斐では旱魃《かんばつ》による飢饉、下総《しもうさ》では台風被害による疫病が流行し、さらに銭貨不足も生じている。そしてこの永禄元年には、武蔵で旱魃、常陸《ひたち》で飢饉、甲斐で台風被害が生じていた。よって、北条家の領国でもこれら近隣と同様、飢饉状況にあり、それに対応して撰銭問題が生じていた、とみることができる。

この時もちょうど夏の年貢・公事納期を控えていたから、撰銭問題が年貢などの収取に直接影響をおよぼすため、この収取関係を維持するための対策として出されたものであることがわかる。残されている史料は前欠《ぜんけつ》（文書の前が欠けている状態）であるため、その全容を知ることはできないが、残存部分は四ヶ条で、内容は次のようなものである（戦北五八〇。現代語訳のみで示す）。

（現代語訳）

①（前欠）他の新銭と区別できるように、宿に（見本を）張りつけた制札《せいさつ》を掲げなさい。

②古銭については、昔から決まっているように、大かけ・大ひびき・打《うち》ひらめの銭貨については、撰銭しなさい。その他については、どのような種類や状態であっても、古銭であれば通用させなさい。

③このように取り決めたからには、「法度の料足《りょうそく》（通用禁止した銭貨）」以外について、公方人・奉行人らが撰銭した場合には、その村の代官・百姓は、共同して出動し（「出逢い」）、逮捕しなさい。もし彼らの勢威を恐れ、力およばない場合には、すぐに目安（訴状）を書いて、箱（目安箱）に投函して訴えなさい。

④②に示した、古銭のうちの大かけ・大われ（大ひびき）・打ひらめの三種類以外だからとして、地悪銭だけを取りそろえて、納税分に充てることは、反抗の考えにあたる。

貫高一〇〇文のうち、一〇文・二〇文の混入は構わないが、三〇文も混入させたなら、曲事《くせごと》である。そのような者については、検断（治安維持にあたる領主の家来か）が取り調べて、（北条家に）披露しなさい。

①の部分は前欠であるため、その内容を十分にとることはできないが、後段の内容との関係から考えると、地悪銭と称された、精銭に対して価値の低い銭貨を通用させるにあたり、通用禁止を認めた新銭（国内製の模造銭）との判別ができるように、その見本を宿に制札として掲げて示すように命じたもの、ととらえられる。

②は、古銭（中国銭）のうち、欠損しているもの（大かけ）、ひび割れしているもの（大ひびき・大われ）、摩耗《まもう》しているもの（打ひらめ）については、慣習通りに撰銭すること、すなわち銭貨通用から排除することを認め、それ以外、つまり具体的には地悪銭についてては撰銭することを禁止している。

③は、年貢・公事の収取にあたる役人らがやってきた際、通用を認めた（撰銭を認めていない）銭貨に対する撰銭を禁止することを保証している。もし撰銭する役人がいたら、村落の実力による逮捕を認め、それができなければ目安制による訴訟をすすめている。

④は、中国銭のうち、撰銭を認められるのが大かけなど三種類であることを逆手にとって、年貢・公事の納入銭をすべて地悪銭で取りそろえることを禁じたものである。そのうえで貫高一〇〇文における地悪銭の混入の目安を示し、一〇文・二〇文程度は容認するが、三〇文は認めないことを示している。

ここでは、年貢・公事徴収に際しての役人の撰銭行為を禁止し、貫高一〇〇文につき地悪銭の一割から二割の混入を認めている。ただ、規定の悪銭・新銭以外はすべて銭貨として通用させ、納入銭への使用を認める一方で、実際に徴収する役人に撰銭を行う者が多くいたため、それを排除する必要があった。その担保として、ここでも目安制が持ち出されている。また、納入銭は原則、精銭であったが、撰銭問題がある状況においては、すべて精銭で用意することは大きな負担となるとみて、一～二割程度の地悪銭の混入を容認している。実際の撰銭状況はもっと厳しいものであったと推測されるが、氏康にとって、地悪銭の混入の許容は、大きな妥協であったとみなされる。

現物納の採用と納法《おさめほう》の制定

しかし、撰銭問題は一向にやまず、むしろ激しさを増していった。翌永禄二年（一五五九）になると氏康は、貫高一〇〇文における地悪銭の混入率を、二五文と規定する「代物《だいもつ》（銭貨のこと）法度」を制定している（戦北六二三ほか）。前年の法令では一、二割程度は容認する、という曖昧《あいまい》なものであったが、この時、明確に混入率を規定したのである。しかも、その比率は引き上げられていて、逆にいえば、これはこの比率分の混入を全く認めることを意味している。それだけ、実際の撰銭問題が深刻化していたのであろう。

撰銭問題は甲斐や上野でも発生していて、東国全域でこうした撰銭状況にあったことがうかがわれる。この年は甲斐で風水害が生じ、永禄四年までの三年にわたる疫病も発生しており、越後では長雨によって、前年から不作が続いていた。南陸奥会津《みなみむつあいづ》（福島県会津若松市）では疫病が流行しているように、東国全域において、飢饉状況が出現していた。撰銭問題の広域的な展開も、この状況を反映したものと理解される。

こうした飢饉状況の展開をうけて、北条家では永禄二年十二月二十三日、北条家当主の地位が氏康から氏政に譲られた。その二ヶ月後の永禄三年二月に、新当主氏政による最初の領国統治策として出されたのが「徳政令」であった。この徳政令は、九ヶ条にわたる長文のものであったが、その一条目と二条目が、撰銭対策として年貢・公事の納入方法を緩和するというものであった。その全文は次の通りである。

（読み下し）

①一、来秋の御年貢の半分は、米成《こめな》りに定められおわんぬ、納法《おさめほう》は一斗二升目・三升目の間にこれを定むべし、なお世間の売買に随い、来秋に御印判を以て仰せ出さるべき事、

②一、御年貢銭の内、半分は代物で納むべし、精銭たるべし、去年の定めの如く百文の内廿五銭は中銭（地悪銭）たるべし、但し五月以前に代物の本《もと》を下さるべき事、

（現代語訳）

①一つ、来秋の年貢の半分は、米成りに決めた。納法は（貫高一〇〇文につき）一斗二升から三升の間に決めるつもりである。なお、世間の売買（相場）に応じて、来秋に印判状で（納法を）通達する。

②一つ、年貢銭のうち半分は銭貨で納めなさい。（その銭貨は）精銭としなさい。去年の規定の通り、貫高一〇〇文のうち二五文は地悪銭としなさい。ただし五月までに銭貨の見本を与える。

①では、今度の秋に納入される年貢のうち、半分について米納を認め、課税基準額の貫高と現物との換算を示す納法は、貫高一〇〇文につき米一斗二升から一斗三升程度とすること、正式には市場の売買相場に応じて秋に朱印状によって通達する、としている。いうまでもなく、秋は米の収穫期であるから、その時の売買相場に対応して決められるものとなっている。

②では、残り半分の年貢については従来通りの銭納とし、それは精銭とすること、去年（永禄二年）定めた代物法度の通り、一〇〇文のうち二五文は地悪銭の混入を認めること、精銭か地悪銭かの判別のための見本は五月までに示す、としている。

年貢や役銭は、精銭での納入を原則としていたが、ここでは年貢の半分について米納にすることを許容している。精銭納入のためには、精銭を調達する必要があった。しかし、この時期は撰銭問題が頻発していて、北条領国でも永禄元年から連続的に発生していた。そこでの撰銭は、精銭以外の銭貨の通用が停止されるものであったとみなされるから、必然的に銭貨不足を引き起こし、精銭の価値が上昇して、村落や百姓にとってはその確保が極めて困難な状況となっていた。

こうした撰銭状況では、村落・百姓にとって、年貢・公事納入の際に精銭を確保できなかった分はそのまま未進となり、大名・領主側の収入も減少することとなる。したがって、年貢の半分について米納を容認するということは、その分の精銭を確保する必要がなくなるから、村落・百姓の「成り立ち」にとっては有免措置となったのである。またそれは、収取する大名・領主側にとって、一定の年貢の確保をもたらすものともなった。

しかも、収取した穀類を銭貨に交換するのは、大名・領主側で行ったから、大名・領主側には余計な手数がかかることになった。したがって、これは年貢の収取関係を維持するための、双方の妥協点を示したもの、ととらえられる。もちろん、残りの半分については従来通り、精銭納とされ、そこには前年に制定された代物法度が適用されていた。具体的には、貫高一〇〇文における地悪銭の混入率を二五文とするものである。

そして、米納にともなって、精銭と穀物との換算値を規定する必要が生じたわけだが、そのために規定されたのが「納法」である。ここでは、一応の目安として、貫高一〇〇文に対して、榛原《はいばら》升（北条家が公定する枡目）で米一斗二升から三升程度と示されている。納法は、年貢・公事の収取において、貫高と現物との換算値を示すものであるから、ほとんどの場合、年貢・公事の納税通知書である配符や納入規定を定めた「納様《おさめよう》」定書《さだめがき》などにおいて示されている。

年貢や役銭について、納法が示されている文書は二四通ある（山口博「後北条領の『納法』に関する若干の問題について」）。このうち、米については一八通があるが、そこでの換算値をみると、永禄七年（一五六四）・八年の秋で一〇〇文につき一斗三升、同九年から元亀元年（一五七〇）までの秋・冬で一斗四升、その間でも、永禄十年の夏で一斗二升、元亀二年の秋で一斗四升と一斗五升、確認される最後の天正十一年（一五八三）の冬で一斗四升となっている。

秋における納法値は、微細ながら上昇傾向にあるが、その一方で夏の納法値は秋のものよりも低値であることがわかる。市場での米の売買相場は、五月・六月の夏がもっとも高値で、秋の収穫後に低下する。①でも、秋の相場に応じて正式に決定する、と示されていた通り、納法は、そうした売買相場の動向に準拠していたことがわかる。その市場の相場との関係については、はっきりとはわからないが、市場の売買相場よりも一、二升ほど安値であったことは間違いないようである（佐脇栄智『後北条氏の基礎研究』）。この差額分について、これまでの研究では、市場での相場よりも有利に設定し、その分の実質的な増徴を示すものと理解されてきた。しかし、米から銭貨への交換の場合、手数料がかかることを考えると、これはあらかじめ手数料分を組み込んだものとみるのが自然である。

代物法度の市場への適用

徳政令から三ヶ月後の永禄三年（一五六〇）六月二日、氏康は、夏の年貢・公事の収納期を控えて、代物法度を改定した（戦北六三三）。前年に制定した、貫高一〇〇文における地悪銭の混入率二五文から、それをさらに三〇文に引き上げている。この年は上野でも撰銭問題が生じているから、北条家の領国を含む東国全域においては引き続き、この問題が生じていたことがうかがわれる。撰銭状況はますます深刻化していたため、地悪銭の混入率を引き上げることにより、銭貨の流通を維持しようとしたのであろう。

氏康は同時に、この代物法度を市場の売買にも適用するように命じている。代物法度はあくまで年貢・公事の収取における収納銭についての規定であり、市場の売買とは別次元のものであった。氏康も、市場売買については、売り手と買い手の二者間の問題であるからと、本来は不干渉を原則としていた（戦北八七八）。しかし、撰銭問題を起因として、銭種の判別や混合率をめぐって、売買における紛争が多発し、それによって市場に混乱が生じていた。

年貢・公事の納入に使用される収納銭も、そうした市場における撰銭状況のなかで調達されたから、市場における混乱は、年貢・公事の収取体系にも重大な影響を与えることになる。氏康は、代物法度を市場の売買にも適用することで、克服しようと考えたのであろう。実はこのこと自体は失敗に終わったのであるが、こうした状況が浮き彫りにするのは、戦国大名が本来は不干渉を原則としていたにもかかわらず、市場の売買に強く関わらざるをえなくなったということである。

このように、氏康は徳政令の後も、領国内の「村の成り立ち」を図って、いくつか対策を重ねているが、飢饉の猛威はなかなかおさまりをみせなかった。武蔵の年代記《ねんだいき》「年代記配合抄《はいごうしょう》」をみると、永禄四年「天下大疫」、同五年「大乱・大疫に依り大飢饉」、同六年「大洪水ゆえ、飢饉に入る、万民死す」、同七年「鼠《ねずみ》多く出生して田畠を作物を悉《ことごと》く喫す」、同八年「寒立して作物に実入らず」、同九年「飢饉に入る、万民死す」という具合に、永禄六年まで飢饉が続き、同七年・八年は不作、同九年は再び飢饉というように、飢饉状態が連続し、長期化していることがわかる。およそ永禄十年（一五六七）の前半までが、このような状態であった。弘治三年（一五五七）の天候不順を契機とし、永禄年間（一五五八〜七〇）の大半を覆《おお》ったこの状況を、〝永禄の飢饉〟と呼ぶことができる。

現物納適用の拡大

このように、飢饉が打ち続く一方で、撰銭問題もまたなかなか鎮静化しなかった。上野では、永禄六年（一五六三）から再び撰銭問題が生じている。さらにこれは翌永禄七年に大きな変化をもたらした。銭貨は、一銭遣いの精銭しか通用しなくなってしまったのである。それまでは、地悪銭や悪銭も何とか通用していたが、ここにきて、精銭以外の通用は全く認められなくなってしまった。これは「世間の定め」と称されているように、まさに撰銭問題への対応の結果として、社会全体そのものに生じた現象であった。

こうした現象が、北条家の領国におよんだことはいうまでもない。そして、その年貢・公事の納入にも影響しないわけはなかった。これまで氏康は、撰銭問題に対応するため、代物法度を制定して、精銭に対する地悪銭の混入率を規定し、順次その割合を引き上げていくことで年貢・公事納入の体系を維持しようとしてきた。しかし、一銭遣いの精銭しか通用しない状況がひろがったことで、そうした対策は全く意味を持たなくなってしまった。

そのために氏康がとった対策は、年貢・公事の納入において、基本的に現物納を認めていく、というものであった。ちなみに、氏康は隠居してからも、領国における年貢・公事の納入に関する仕組みの構築に取り組んでいた。そして、それらは自身の公印として作った「武栄」朱印を捺《お》した朱印状で行われた。

そこで氏康は、永禄七年九月、役銭納入における銭種を精銭に限定するという政策に転換する一方で、精銭の調達が困難であることを考慮して、段銭については米納を容認することにした（戦北八六三）。これは、永禄三年の徳政令において、同年にのみ特別に認められた現物納が、恒常的に認められるようになったことを意味している。この動向はさらに拡大されて、ほかの役銭や年貢にまで順次適用されることになる。

その状況を具体的にあげておこう。永禄八年五月、武蔵小机領駒林《こまばやし》郷（神奈川県横浜市）ほかに対して、正木棟別銭に麦納を認めている（戦北九〇七ほか）。同年九月、相模東郡田名郷に対して、城米銭の米納を認め、同九年八月、同じく田名郷に対して、棟別銭に米ほかによる納入を認めている（戦北九二九・九六九）。同年閏八月には、伊豆西浦内木負村に対して、田年貢に米納を認め（戦北九七五）、同十年六月、相模西郡中島《なかじま》郷（神奈川県小田原市）に対して、夏懸銭に米麦などによる納入を認めている（戦北一〇二六）。そして同十一年八月には、武蔵小川村（東京都町田市）に対して、棟別銭に米納を認めている（戦北一〇九一）。

こうして永禄年間の末には、段銭に続いて城米銭・棟別銭・懸銭、さらに年貢と、ほぼすべてについて現物納の容認に転換している。しかし、この時、氏康は決して精銭による納入を放棄したわけではなかった。それらはいずれも、精銭が確保できない場合の措置であったが、現実には容易に調達できなかったため、こうした現物納が継続され、定着していくこととなったのである。

この収取のあり方は、いわゆる江戸時代における石高制でみられたことの原型をなすものと考えられる。したがって、江戸時代における現物納の原則は、こうした戦国時代の撰銭対策の結果として構築されたものであったことがわかる。そして、この現物納の容認にともなって、貫高との換算を示す納法も恒常的に制定されていく。こののち、元亀二年（一五七一）八月までその都度、制定されている。

ちなみに、その最後の時期は、ちょうど氏康が病を患っていた時であった。氏康はそれまで、「武栄」朱印状によって、村落に宛てて配符を出し続けていた。しかし、この時の配符は虎朱印状によるもので、当主氏政が出したものである。それから二ヶ月のうちに氏康は死去するから、この時には全く政務を執れなくなっていて、そのため代わって氏政が出すことになったと考えられる。しかも氏政は、このように徴収の都度、納法を規定した

「武栄」朱印

配符を出すのが煩《わずら》わしかったのか、来年からは「去年の如くにと云う一筆の御印判を出す」ことを取り決めている。

それはともかく、この納法を規定するという仕組みも、そのまま江戸時代に継承されている。江戸時代でも、石高制ではなく、銭貨を基準にした永高《えいだか》制（貫高制の一種）をとる地域があり、そこでも現物納が行われていた。その場合には毎年、年貢の納入期になると、領主から村落に対して、現物と永高の換算値を規定する納法が通知されたのである。

収取機構の確立

こうして、精銭による年貢・公事の納入が困難になるにつれて、現物納は常態化するようになった。そして現物納の場合に問題となったのが、穀類の計量である。具体的には、計量の際に使用する枡目と、計量の仕方である。枡目については、すでに北条家では、先の永禄三年の徳政令で示されていたように、榛原升という種類の枡目を、公定の枡目としていた。以後も同様とされたが、このことが北条領国において、一律の度量衡《どりょうこう》が通用することにもつながっていった。

また、計量については村落側の行為と取り決められた。永禄七年（一五六四）九月三日付で武蔵江戸領南北品川代官・百姓中に出された虎朱印状（戦北八六三）に、「米の計り手は其の郷百姓頭に定めらるる」とあるように、その村落の百姓で、「百姓頭」と称されたものの役目と取り決められている。すなわち、納入する村落側の仕事と取り決められている。このことの意味は大きい。

計量に関しては、それ以前の時代から、徴収側・納入側の間でしばしばトラブルになっていた。北条家は現物納を公認するにあたって、計量を村落側の行為として規定し、その責任者を百姓頭としたのである。それ以後も計量をめぐるトラブルがなくなったわけではなかったが、このような原則を立てたこと自体、収取をめぐる領主と村落とのトラブルをできるだけ抑制したい、とする意図がうかがわれる。第二章で伊豆西浦小代官である藤守の解任について取り上げたが、その解任の理由は、この枡目の不正と計量を自分が行ったことであった。

このように、百姓頭は年貢・公事の計量にあたった百姓であった。もっとも、これについては小代官や名主のように、給分・免分は設けられてはいない。「頭」が付されているところからすると、名主・定使のように給分を認められ、役人として存在したものとは異なって、文字通り、百姓の代表者であったと考えられる。したがって、これを名主などのような村役人に含めることはできないが、年貢・公事の納入のなかで重要な役割を担う立場であった。

永禄三年の徳政令において、年貢・公事の納入にあたり、北条家は、銭納に代えて現物納を容認し、納法を制定し、計量における公定枡目を導入した。さらには、徴税方式から納税方式に変更し、滞納分については債務化することを取り決めた。それにともなって、徴収側の現地責任者として小代官を設定し、対して納入する村落側の責任者として名主を位置づけた。同七年になると、現物納が常態化されることで、納法の制定も恒常化し、公定枡が普及し、計量も村落側の行為として規定された。

こうして新しい収取機構が確立していった。これは、それ以前とは大きく異なるものであり、そのあり方は江戸時代にも受け継がれた。さらに、それ以後の社会においても基本をなすものとなったのである。ここで見過ごせないのは、それらはいずれも、領国の危機を克服しようとする途上で生み出された、ということである。深刻な領国危機克服への取り組みが、新たな社会の仕組みを生み出したのであった。

第六章

「国家」への義務の誕生

「御国のために」という言説

ほとんどの人は「御国《おくに》のために」という言葉を耳にしたことがあるであろう。多くの人にとってそれは、第二次世界大戦のアジア・太平洋戦争で、旧日本国すなわち大日本帝国が、国民を戦争に協力させるため、国家への奉仕を強いるための言説として認知していると思う。そのためにこれを、戦前の日本社会で戦争のために生み出された言説と認識している方も多いのではないだろうか。そして、たいていは近代国家、さらには国民国家であることから生み出されたものと考えているのではないだろうか。

ところが、それよりも四〇〇年近く前の戦国時代に、同じく「御国のために」という言説はすでに生み出されていた。近代社会における社会主体とは、個々の国民であるのに対し、戦国時代・江戸時代における社会主体は、村・町のような地域共同体という集団であり、すなわち、ここには社会主体の単位に明らかな違いがある。しかしながら、「社会主体」に視点を据えてみると、それは社会主体に向けて投げかけた言葉（言説）として全く同じものだと認識できる。

このことから、「御国のために」という、国家に所属する社会主体に国家への奉仕を強制するための言説は、近代の国民国家の成立以前において、すでに存在していたと理解できる。現在の国家の概念は、近代国家を指標としている。そこでは、前近代社会で国家と認識されている政治組織・政治共同体について、国家と認識してよいのかということ自体が、議論の対象にすらなっている。

ここで、この問題に首を差し挟むつもりは毛頭ない。けれども、現代国家を認識するうえで、それが具有している機能がそれぞれいつの段階からみられるようになったのか、ということを認識することは重要である。この視点に立てば、国家の性格の変化という観点から認識することもでき、ひいては国家とは何か、という命題に迫る、有効的な手段になるであろう。

戦国時代に、その「御国のために」という言説が生み出されたのは、いうまでもなく戦国大名によってであった。そのことを端的に知ることができる事例は、これもやはり北条家の場合なのである。北条家は、自らの領国の存亡の危機にあたって、村・町に対して大名の戦争への協力を要求し、その説得のための論理として、この「御国のために」という言説を持ち出すのであった。

戦国大名がこの言説を生み出したのは、戦国大名という統治権力が、領域国家であったことが根底にある。一定の領域を排他的・一元的に支配する統治権力という形態にあったからこそ、この言説が生み出されたと考えられる。このことからすると、この言説は、領域国家にともなうものとして理解することができる。領域国家とは、それ自体もまた、領域内の民衆の存立を前提に存立しているため、そうした構造の産物として認識できる。

とはいえ、戦国大名はその成立の当初から、この言説を持ち合わせていたわけではなかった。北条家が「御国のために」という言説を生み出したのは、戦国大名として北条家が成立してから八〇年近くも経ってからのことであった。

北条家存亡の危機の認識

北条家が「御国のために」という言説を生み出したのは、永禄十一年(一五六八)十二月から開始された、甲斐武田信玄との全面戦争の時であった。北条家は当時、相模・伊豆・武蔵・下総・上総半国・上野半国・下野の一部におよぶ、全国的にも有数の大領国を形成していた。対する武田家も、甲斐・信濃《しなの》・上野半国・美濃《みの》の一部・飛驒《ひだ》の一部におよぶ大領国を形成していた。しかも、北条家と武田家は駿河の領有をめぐって抗争し、互いの領国である上野・武蔵・相模・伊豆と信濃・甲斐が長大な距離におよぶ国境を接する関係にあった。これは、北条家・武田家双方にとって、互いに隣接する戦国大名との全面戦争という、初めて経験する事態であった。戦国大名の戦争は、この時期から、大規模な領国を形成する大名同士の戦争が展開されるようになっていき、明らかに戦争の規模・形態のステージに変化がみられるようになった。

それは、これまで繰り返しみてきたような、飢饉を背景にした「国中諸郡退転」などと称された領国危機とは別の性格のものであり、まさに、外部勢力との戦争によって、北条家とその領国の存立が左右されるという危機であった。これまででいえば、永禄四年（一五六一）の越後上杉謙信の来攻が、そうした場合にあたった。その時、三代当主であった氏康は、それを「国家」の危機と認識していた。今回の武田信玄との抗争も、その意味では同様であり、「国家」の存立を左右する危機であった。大敵との対決という点ではそれまでと全く同じであったが、今回はそれとは異なる状況が生まれていた。それを象徴するものが「御国」の論理である。

「御国」という文言がみえる北条家の発給文書は、三二例が確認されている（久保健一郎『戦国大名と公儀』）。最初の一例は、永禄二年におけるものであるが、ほかのものと年代に開きがありすぎることなどから、その信憑《しんぴょう》性も含めて、検討の対象から除外していいだろう。そのほかは、この武田家との戦争におけるものと、のちの天正十五年（一五八七）からの豊臣政権との戦争が現実的な課題となっていた時期に、集中してみえている。このことから、この「御国」の論理は、常にみられるものではなく、これが表明されること自体、まさに非常事態であったことがわかる。

また、「御国」文言について、注目しておきたいことが二点ある。一つは、「御国」が用いられている対象が、家臣や寺社などの領主層ではなく、基本的には村落などの民衆であった、ということである。このことから、「御国」の論理は、北条家の権力を直接に構成している人々ではなく、領国内の一般の民衆を対象に用いられたものであった、と予測することができる。もう一つは、「御国」が用いられている地域が、北条家当主が直接に領国支配を行う本国地域（およそ相模・伊豆・南武蔵）と、御一家衆《ごいっか》が独自に領国支配を行う一門支城《しじょう》領（氏照の滝山《たきやま》領や氏邦の鉢形領など）に限られている、ということである。

北条家の領国、といった場合、従属する国衆（他国衆《たこく》ともいう）が独自に支配する領国を含める場合もあるが、「御国」は、そうした国衆の領国を含むものではなく、あくまでも北条家が直接に領国支配する地域を対象としたものであったことがわかる。このことから、「御国」の論理は、そうした地域の民衆に対してのみ通用するものであり、国衆領国の領民には通用しなかったことがわかる。それに対応して、北条家の存在も、この二つの地域では大きく性格が異なっていたと認識される。

「御国」の大事

「御国」の論理がみえる最初の書状は、永禄十二年（一五六九）二月六日、石切《いしきり》職人の左衛門五郎と善左衛門に宛てて氏康が出した「武栄」朱印状である（戦北一一四八）。ちょうどこの時、当主氏政が率いる北条軍は駿河で武田軍と対陣していて、氏政は留守であったから、この朱印状は、小田原城にいた氏康によって、自身の「武栄」朱印で出されたものである。全文をみていくことにしよう。

（読み下し）

十人石切衆

右、此の度、御国の御大事の間、罷《まか》り出《い》でて走り廻るべし、忠信に依り何様の儀成りとも、望み申すべし、御褒美《ごほうび》を加えらるべし、然《し》からば明日七日、足柄峠《あしがら》へ罷り上り、肥田《ひだ》・二宮播磨《はりま》に相談し、小屋を懸け、御番を勤め申すべき者也、

（現代語訳）

右は、今回は「御国」の非常事態なので、出頭して奔走しなさい。働き具合によっては、どのようなことでも、望みをいいなさい。褒美として叶える。だから明日七日に、足柄峠に上って、肥田・二宮播磨から指示をうけて、（城内に）小屋を建てて、（城の）番を勤めなさい。

宛名の石切左衛門五郎らは、石切（いわゆる石大工）職人の頭領《とうりょう》である。北条家とは奉公関係を結ぶ職人という身分にあった。その石切職人の頭領に、石切衆十人の派遣を命じている。しかし、その派遣は職人としてではなかった。足柄峠とは、相模・駿河国境に構えられた足柄城（神奈川県南足柄市・静岡県小山町）のことである。肥田・二宮播磨は、その在城衆と推測される。そこに入城して、小屋を建てて、「番（城の守備）」を勤めろ、といっている。

これは職人としてではなく、兵士としての動員であった。本来、職人はその職能によって、大名に奉公する存在である。それがここでは、本来の関係からは逸脱した、兵士としての奉公を求められている。いうまでもなく、これは本来の契約以外のことである。そのため、それを説得する理由が必要であった。それが、ここでは「御国の御大事」と表現されているのである。

次に「御国」の論理がみられるのは、それから七日後の二月十三日付で、津久井城主・内藤綱秀の家臣らに宛てた、同じく氏康の「武栄」朱印状である（戦北一一五四）。ここでは、「只今は役所の普請に極まり候、昼夜ともにこれを致すべし」と、今は城郭普請以外にはない、昼夜を問わず普請にあたってくれ、といっている。そのために「何十騎・かち者いか程馳せ集め」と、馬上兵でも歩兵でもできるだけ動員を図り、普請にあたらせようとしている。こうした動員は、正規の軍役の範囲を超えるものであった。それを説得するために、

（読み下し）
今度において、諸人走り廻らずして叶わず候、自戦といい、御国のためといい、昼夜の嫌いなく、稼ぎ走り廻り申すべし、

（現代語訳）

今回は、諸人は奔走しないわけにはいかない、自衛の戦争であり、「御国」のためであり、昼夜を問わずに成果をあげる奔走をすべきである。

といっている。城郭普請は、防衛のために不可欠のものであった。それは全くの自衛の戦争でも行うものであった。それを促すために、いや氏康にとっては、こちらこそが本音であったのだが、「御国」のためにも、普請を行うよう求めているのである。

これらにみえる「御国」の論理は、契約内容にないことを要求する場合に用いられていることでは共通する。しかし、家臣のような北条「家」を構成する人々に対しては、「国家」や「家」の論理で十分なようにも思われる。「御国」は、それらとはどこが違うと考えられるだろうか。

「御国」のため、村のため

大規模な戦争の展開は、戦場に赴《おもむ》いたり、城郭の守備にあたる兵士や、城郭普請の要員が必要になるだけでなく、物資の輸送も拡大する。本来そうした輸送は、陣夫役や船方役などとして村落に定数を決めて負担させていた。しかし、大規模な戦争においては、そうもいっていられない状況が生じる。

永禄十二年（一五六九）三月十四日、氏康は、相模東郡田名郷に対して、夫馬《ぶば》役の徴発を行っている（戦北一一七八）。いまだ氏政は駿河に在陣中であったから、ここでも氏康が「武栄」朱印状で出している。夫馬（人と馬）四疋《ひき》を負担して、小田原から伊豆西浦（静岡県沼津市）まで、物資の運送にあたるよう命じている。そのなかで、

（読み下し）

御用重なり候と雖《いえど》も、さりとては去年以来御張り陣成さるる上は、諸百姓等においても、此の時走り廻るべく候、何様の儀成りとも、御憐愍《ごれんびん》成さるべく候、

（現代語訳）

負担が重なっているけれども、どうしても、去年から（氏政は）戦陣に赴かれてしまっているのであるから、百姓等にあっても、こうした時には奔走すべきである。どのようなことであっても、御憐愍を行うつもりである。

と述べている。北条家当主は、去年から戦陣に従事しているのであるから、そうした状況では、百姓であってもそれに協力すべきだ、という言い分である。近接した時期に夫馬役の徴発が続いたのであろう。また、これが農作業を開始する勧農《かんのう》の時期であることも、氏康に型通りの命令ですますことを躊躇《ちゆうちよ》させたのだろう。北条家も懸命になっているのだから、と訴えている。

そして、どのようなことであっても、「御憐愍（年貢などの免除）」を与える、といって、同意を取りつけようと必死になっている。先の石切衆の動員にあたって、どのような褒美《ほうび》でも与える、といっているのと同じであるから、ここでの夫馬徴発も、本来の契約範囲を超える内容のものであったとみなされる。それにしても、北条家の懸命さを訴えることが、どうして説得の根拠になりうるのであろうか。

同年八月九日、相模中郡徳延《とくのぶ》村（神奈川県平塚市）に宛てた虎朱印状に、そのことが端的に表現されている（戦北一二九六）。これはまた、村落そのものに対して「御国」の論理を掲げているものとして、最初のものである。北条家は、同村に大普請役三人の負担を命じたが、それは「臨時普請」という、本来の役に追加されたものであった。つまり、契約以上の負担を強いるものであった。そこで次のように述べている。

（読み下し）

此の度臨時普請、迷惑たるべく候と雖も、第一に御国のため、第二に私のために候間、百姓等においても、奉公申すべく候、御静謐《ごせいひつ》の上、御憐愍を加えらるべく候、

（現代語訳）

今回の臨時の普請役は、迷惑ではあろうが、第一に「御国」のため、第二に村（「私」）のためなのだから、百姓であっても奉公すべきである。戦争が終わったら、御憐愍を行うつもりである。

臨時の普請役の賦課が、村落に対して過重な負担になることを承知し、そのままでは同意されないことも認識したうえで、その普請役を勤めることが、第一に「御国」のためであること、第二にそれは村（「私」）のためでもあること、だから、百姓もそのような奉公をするべきだ、といっている。そのうえで、戦争が終わったのちには、それに見合う「御

憐愍」を与えることを約している。

注目されるのは、第一に「御国」のため、第二に村自身のため、という文言であろう。ここには、村落が奉公すべきものとして「御国」があげられている。そして同時に、「御国」のためになることは、村自身のためでもある、と主張している。先の内藤綱秀の家臣宛のものにみられた、「自衛の戦争であり、『御国』のためであり」というのと同じ論理とみることができる。そこには、「御国」のためになることは、そのまま村落のためになるのだ、という意味が込められている。

ここでの普請役は、領国防衛のためのものである。領国が武田軍に侵略されれば、北条家の「国家」は滅亡してしまう。そのような場合、「国家」や北条「家」への奉公を要求することができるのは、北条家から具体的に所領などを与えられている家臣や寺社などの領主層に限られた。そして、北条家と奉公関係を結んでいたとしても、所領などを与えられていない商人・職人らには、北条「家」の論理は通用しないのである。もし北条家が滅亡したとしても、商人・職人としては存続することができるからである。このことは、村落の百姓にとっても全く同様であった。しかし、北条家としては、領国防衛を果たさなければ滅亡するしかないから、そこに村落とそれを構成する百姓の協力を何とか取りつける必要があった。

　そうした場合、室町時代までは、そんな説得の必要もなかった。徴発に応じなければ、容赦なく略奪が行われた。逆にいえば、村落はそうした掠奪を回避するために、戦争のための負担を請けていたのであった。また、村落は進軍してくる軍隊に対して、自衛の戦争を行うことも多かったが、そのためには甚大な費用がかかった。それに対して戦国大名は、村落によるそうした戦争の負担を、収取体系のなかに明確に組み込むことによって成立させていたのである（稲葉継陽『日本近世社会形成史論』）。そのため、規定以上に徴発することが、そもそもできない権力体系になっていた。このこと自体、鎌倉時代から三〇〇年かけて、村落が創り上げたものと評価することも可能である。しかし、戦国大名の存亡がかかる非常事態には、どうしても規定以上の徴発が必要になった。北条家の場合では、まさにこの武田家との戦争がそうであった。

　武田家との戦争に勝利する、もしくは領国の防衛を果たさなければ、北条家そのものが滅亡することになる。しかし、事態はそれだけではすまないことになる。戦場になれば、敵方の軍勢による掠奪が悲惨を極めたし、自衛のための戦争を行えば、人的にも金銭的にも多大な負担が生じる。そもそも、戦国大名はそうした事態を生じさせないために、生み出されたものであった。だから、村落は、陣夫役や普請役をはじめとする大名への戦争協力を負ったのである。それによって村落は、一定の平和を確保することができていた。したがって、大名への戦争協力は、村落にとって平和のための負担でもあったといえる。少なくとも、北条家の本国地域の村々は、永禄四年にあった上杉謙信の進軍など一時的なものを除けば、かなり長い時期にわたって、平和を享受することができていた。北条家が、規定以上の負担を強いるにあたって、村落自身のためだ、といっているのは、そうしたことを背景にしている。北条家が滅亡すれば、村落の平和もなくなるのだ、という意味である。

「御国」論理の構造

それと重ね合わせて持ち出されているのが、「御国」の論理である。「御国」という言葉そのものは、「御」が付けられているから、北条家の領国、という意味である。しかし、それだけならばこれまでにも「分国」や「国家」という言葉によって表現されてきたし、この後においても、それらは使用され続けている。したがって、この「御国」は単に領国というだけの意味ではない。

他方の「国」は、古代以来の国制上の単位の「国」という意味もあるが、ここでは、生活領域を指す「くに」とみるのが自然である。それが戦国時代に入った頃から、政治領域と重ね合わさるようになる。それは、「くに」の平和を保証する、戦国大名や国衆といった領域権力が形成される動きに対応していた。その政治領域を示す言葉が「国家」であり、「惣国《そうこく》」であった。

しかし、その言葉は基本的に、そうした政治領域を形成する権力体を構成する人々に対して通用するものであった。たとえば、「国家」であれば、戦国大名とその家臣や寺社において通用した。だが、そこを生活領域としている人々、すなわち村落の百姓には距離感のある言葉であった。したがって、「御国」という言葉は、より「くに」の意味を強く持たせた言葉とみることができる。その「国」に「御」を付すことによって、「くに」と領国とを一体のものとして表現しようとしたものと考えられる。

「御国のために」という言葉は、「くに」の平和を維持する行為が、同時に、領国、国家、すなわち北条家を存続させる行為となることを示すものであった。逆にいえば、北条家を維持するための行為を、「くに」の平和維持につながるものとして、示そうとするものであった。「くに」は、そこを生活領域とした村々によって形成されていた。「くに」そのものは、政治的な単位ではなく、領域を表す観念である。そこでの基本的な政治単位が、村落であった。

「御国」の論理を持ち出した際、村落の論理をも持ち出さざるをえなかったのは、それらが実態としても、観念としても、別のものであったからである。しかし、重ね合わすことによって、一定の反応を得ることができた。そうでなければ、持ち出しても全く無意味であろう。村落の平和維持が「くに」の平和維持につながり、それは領国の平和につながっている、という現実に対する一定の理解が、そこには反映されているとみなされる。

この現実こそ、戦国大名によって、村落の平和が一定程度、維持されていたという側面にあった。それは、外部勢力の侵略をうけず、あるいはうけたとしても防衛の責任を果たす、というような、外部勢力から守られる平和だけでなかった。隣接する村落同士の戦争をはじめ、さまざまな紛争にも、目安制を通じて平和的な解決をもたらしていた。これによって、隣接する村落同士の戦争や、市や宿での紛争、領主側の役人との紛争など、あらゆる紛争に自前の武力を発動することなく、平和的な解決の道が用意されたのである。

しかも、そうした平和の確保は、同時に「村の成り立ち」の保証とも密接に関係していた。これまでみてきたように、戦国大名は「村の成り立ち」を維持するために、さまざまな対策をとっていた。飢饉と戦争が恒常化するなかで、そうした戦国大名の対策が、「村の成り立ち」維持に一定の寄与があったことは否定できない。こうした平和の維持、「村の成り立ち」の保証については、戦国大名側にも一定の自負があった。だからこそ、北条家は自らの存立の危機にあって、村落にも協力を要請することに、一定の正当性があると認識したのであろう。

すなわち「御国」の論理は、戦国大名が「村の成り立ち」について、一定程度を担っていることを前提に、初めて提示することができる論理であったのである。それは同時に、村落が、自らの平和の確保や「成り立ち」の維持において、一定程度、戦国大名に依存していることの反映でもあった。そもそも、村落とは、それらを自力によって遂げるために形成された組織であった。戦国大名とのこうした関係は、本来、村落が自力で果たすべきことを、戦国大名が代替し実現していた、ということでもある。これこそが戦国大名の存在の正当性でもあった。「御国」の論理は、こうした両者の関係を示すものとして理解できるのである。

「人改令《ひとあらためれい》」の発令

「御国」の論理は、さらに新たな事態を生み出すことになる。それは、村落の軍事動員である。具体的には「人改令」といわれる法令である。この人改令は、武田家との戦争で初めて登場した。現在のところ、法令そのものは、永禄十二年（一五六九）十二月二十七日付で、相模東郡磯辺郷（神奈川県相模原市）と同田名郷（同）にそれぞれ宛てられたもの（戦北一三六六〜六七）と、元亀二年（一五七二）三月七日付で、武蔵久良岐《くらき》郡富部《とべ》郷（同横浜市）に宛てられたもの（戦北一四六五）が残存している。

その後、天正十五年（一五八七）からの豊臣政権との戦争を控えた時期にも出されるが、北条家の長い歴史のなかでも、人改令が出されたのは、この二回にすぎない。それはまた、村落への「御国」の論理表明と同じであり、人改令そのものも、この「御国」の論理に基づいて出されたものであった。したがって、人改令が出された地域も、本国地域と一門支城領までであり、国衆領国は対象となっていない。

ここではまず、武田家との戦争で出されたものを取り上げよう。本文は次のようなものであった。

（読み下し）

①一、当郷人改めの儀は、信玄相・豆・武の間へ来年に出張し候わば、一途に一戦を遂げるべき事、人数に相極まる間、御扶助《ごふじょ》の侍は、悉く《ことごと》一統に召し仕わるべし、其の時は、三ヶ国の城々の留守は不足たるべし、来年は弓箭《きゅうせん》の是非たるべく間、御出陣の御留守番を、其の模寄《もよ》りの城に仰せ付けらるべく候、在城の間は、兵粮《ひょうろう》は下さるべく候、御国にこれ有る役、一廻りに走り廻るべき事、

付けたり、此の度帳面を御披見の上、御指し引き有り、模様は重ねて御印判を以て仰せ付けらるべき事、

②一、さかしく走り廻る者候わば、望みに随い、何様の儀成りとも、仰せ付けらるべき事、

③一、当郷にこれ有る者、一人も隠し置き、此の帳に付けざれば、後日に聞き出し次第に、小代官・名主の頸《くび》を切るべき事、

④一、もしもし此の帳に載らざる者を申し出れば、大忠なり、何にても永代に望みの儀を仰せ付けらるべく候、田地成りとも下さるべく候、又は当分の御褒美成りとも望

みに任さるべき事、

（現代語訳）

①一つ、当村の人を取り調べることについては、武田信玄が相模・伊豆・武蔵の間に、来年に進軍してきたならば、迷わずに一戦を行うつもりだが、（その成否は）軍勢数にかかっているので、扶助している武士は、すべて出陣させるつもりである。その時は、三ヶ国の城々の留守衆が不足することになる。来年は戦争が決着することになるので、出陣中の留守番を、その最寄りの城に（勤めることを）言いつけるつもりである。在城中は、兵粮は支給する。御国にいる者の務めなので、（扶助の侍らと）同じように働くべきである。

付則、今回帳面を見たうえで、（誰を動員するかを）指示する。格好についてはあらためて印判状で言いつけるつもりである。

②一つ、すぐれて働いた者には、望み通りに、どのようなことであっても、行うつもりである。

③一つ、当村にいる者で、一人でも隠して、此の帳面に記載しないことがあったら、後

日にわかり次第に、小代官・名主の頸を切るつもりである。

④一つ、もし此の帳面に記載されていない者を言い出たら、(それは)大忠である。何でも永久に望むことを行うつもりである。田地でも与えるつもりである。またはすぐに使える褒美でも(与えるので)希望通りに行うつもりである。

民兵動員の要請

人改というのは、文字通り、人の調査である。そして、これらは村落に宛てられているから、調査は村落ごとに行われることがわかる。その調査というのも、①③④にみえるように、帳面に人名を記載するものであった。③において、記載漏《も》れがあったら、小代官と名主を斬首する、と脅しているから、彼らがその調査・記載を行ったと考えられる。すなわち、村落で帳面を作成して大名に提出する、指出《さしだし》方式であった。

帳面に記載されたのはどのような人々であったのかは、ここからではわからないが、豊臣政権との戦争の際の人改令の場合をみると、村落の成人男子であったと考えられる。一般に、十五歳から六十歳までの男子がこれにあたるから、この場合でも、その規定が適用されていたとみて間違いない。

①ではまず、人改の理由が述べられている。武田信玄が来年、相模・伊豆・武蔵、すなわち北条家の本国に侵攻してくることが想定されている。すでにこの年の十月に、信玄によって侵攻をうけていた。北条家では、再び本国に侵攻してくることを想定している。その場合、迷わず迎撃の一戦を行うが、その勝利は、軍勢数にかかっている、という。そのため「御扶助の侍」、すなわち所領を与えられて軍役負担の義務を負っている給人《きゅうにん》層＝正規兵は、すべて出陣させるが、そうすると、本国内の城郭の守備兵が不足することになる、と述べる。そして、来年は武田家との戦争の正念場になるので、正規軍が出陣中は、最寄りの城郭の留守番を勤めることを命じている。

要するに、武田軍の侵攻があった場合、正規兵はすべて前線に投入することにし、そうするとその出陣中は、各城郭の守備兵がいなくなってしまうため、それに充てようとするものである。ただし、正規兵とは異なって、前線に投入するのではなく、あくまでも後方支援にあたることを明示している。これはいわば、民兵《みんぺい》の徴発であり、帳面の作成というのも、動員可能な人物のリストであるから、いわゆる徴兵台帳の作成を意味している。

しかし、台帳登載者のすべてが動員されたわけではなかった。ここには明記されていないが、豊臣政権との戦争の際に出された人改令では、村落ごとに何人と、動員人数が記載されている。その割合は、およそ村高二〇貫文に一人とみられている。動員の期間も際限なかったわけではなく、明確に規定されていた。同様にそこでは一人二十日とされている。村高を基準に、動員人数と日数が規定されていたのである。これは、北条家が村落に対して戦争の負担を課した、陣夫役や大普請役と同じ仕組みになっている。陣夫役は、村高四〇貫文に一人、動員期間は十～二十日、大普請役は村高二〇貫文に一人、動員期間は十日であったから、これはおおよそそれらの倍の負担、ということになる。

そして、在城中における兵粮《ひょうろう》（食糧）は、北条家から支給することを明示している。軍役の負担を義務とする給人層は、それにともなう兵粮は自弁（自分で費用などを負担すること）が原則であった。所領はそうした軍事負担の対価として与えられていたからである。それに対して、村落の百姓はそうしたものは与えられていないから、軍事活動の際の兵粮は、北条家が支給する必要があったのである。

さらに②では、一生懸命に働いた場合には、望み通りの恩賞を与えることを約束している。④とあわせて考えると、具体的には、給田《きゅうでん》（年貢だけを得分とするもの）の付与や、「当分の御褒美（現金）」などが想定される。このような恩典を提示することで、動員への同意を取りつけようとしたことがうかがわれる。

しかし、それだけでは決して十分ではなかった。そもそも、村落は軍事動員をうける筋合いにはなかったからである。その代わりに陣夫役などの戦争負担をしていたからである。民兵徴発は、これまでの大名と村落との関係からすると、明確な契約違反であった。ただし、大名は本来、防衛戦に際して領国の村落に軍事動員をかけていた。ところが、領国が拡大するにつれて戦場が遠方になると、その必要はなくなり、領国中枢の村落は長い間、軍事動員をうけることがなくなっていた。すでに、北条家の本国地域はそのような状態となっていたのである。

そのため、それを説得するために持ち出されたのが「御国」であり、さらにそれを発展させた「御国にいる者の務め」という論理である。つまり、「御国」にいてその平和を享受してきたのだから、「御国」の危機にはその維持のために働くべきだ、というのである。「御国」の支配者が、その全域において平和維持、生存の保証を果たすことによって、「御国」で生活している人々に対して、対価として「御国」の維持のための奉公を要求するようになった。「御国」＝国家とそれを運営する支配者、そしてそのなかで平和を享受する民衆との関係が、このようなかたちで示されることとなったのである。このことは逆に、国家への奉公＝忠節が、決して国家が本来的に備えていたものではなかったということ、それはあくまでも歴史的に形成されたものであることを明確に示している。

動員の実態

「御国」の論理による説得を図っているものの、動員は必ずしも順調に行われたわけではなかった。その一方において、村落が台帳に正確に記載しないことが想定されているからである。③で記載漏れがあった場合、責任者の小代官・名主を斬首すると脅したり、④で記載漏れを密告した者に、動員された者で一生懸命に働いた者と同等の恩賞を与えることを提示しているのは、そのことを何よりも示している。

さらに、のちの豊臣政権との戦争の際に出された人改令には、「よき者を撰び残し、夫(人足)同前(然)の者を申し付け候わば、当郷の小代官何時も聞き出し次第に頸《くび》を切るべき事」と、戦争に役に立つ者を残して、役に立たない者を出してきたら、小代官を斬首する、と記されている。このことをみると、実際の動員にあたっては、村落にとっての精兵は温存される傾向があったこともうかがわれる。

そもそも、村落は村落自身のためであれば、それこそ命を賭《と》して、その存続に努めた。隣接する村落同士の戦争や、外部勢力の侵攻に対する自衛の戦争も辞さなかった。百姓はすべて武装しており、村落はそれ自体が軍事集団でもあった。ちなみに、豊臣政権による「刀狩《かたなが》り令」で百姓の武装が解除されたという理解は誤りである。豊臣政権による対応の真意は、村落の武力行使を規制することであり、武器の没収ではなかった。武器の没収は江戸幕府においても実現されていない。豊臣政権から江戸幕府において実現したのは、武器の所持を認めつつ、その行使を規制するもので、それを近世の身分制によって確定するのであった（藤木久志『刀狩り』）。

しかし、そうした村落の必死の行動がとられるのは、村落そのものの存立が危機に陥った場合に限られた。しかも、外部勢力の侵攻が想定されるような状況のなかでは、村落の防衛能力を低下させるような精兵の動員（徴発）には、安易に応じることなどできなかった。台帳に正確に登載しなかったり、精兵を温存しようとするのは、いざという時の村落自前による防衛のためであったのだ。「御国」の論理に一定の説得力があったとしても、村落の防衛と領国の防衛との間には、容易に埋めることのできない大きな溝があったのである。

人改令による実際の動員の状況については、はっきりとしていない。だが、元亀元年（一五七〇）二月二十七日付で、人改令による動員を指定された人物に対する虎朱印状が二点、残されている（戦北一三八四～八五）。このうち、後者のみ宛名が判明するが、それは村の名主宛てとなっている。さらに、その上部に「鑓」と小書《こが》きされているから、彼は鑓《やり》を持参したことがわかる。名主は村落のなかでも有力者であり、自前の武力も保持していた。北条家が、人改令によって動員しようとしたのは、そうした武力を有する村落の有力百姓であったと考えられる。この虎朱印状は、動員を指定された人物が確定されたのをうけて、その人物に対して出されたものだった。

出陣の命令に応じて働いた場合には、それに見合った恩賞を与えること、在城中の兵粮は支給することなど、人改令にもみえていた諸条件が、そこでも明示されている。そして、出陣の命令は朱印状で行うこと、期日に遅れないよう注意している。そのうえで、

（読み下し）
抑《そもそ》もか様の乱世の時は、さりとては其の国にこれ有る者は、まかり出て走り廻らずして叶わざる意趣に候、

（現代語訳）
そもそもこのように戦乱が続く時世では、どうしてもその国にいる者は、出てきて働

かないわけにはいかない、という考えである。

と、ここでも動員への同意を取りつけるために説得を図っている。戦乱が日常化している状況では、「その国」にいる者は、大名の戦争にも協力すべきだ、と主張している。「その国」とは、これまでの「御国」と同意である。より当事者の地域感覚に訴えかける表現をとることによって、地域への帰属感覚を、大名への帰属感覚に引きつけようとしている、とみることができる。

こうしたはたらきかけによって、ともかくも北条家は、民兵を徴発する仕組みを創り上げた。天正十五年（一五八七）には豊臣政権との対決にあたって、再び人改令が出され、あらためて動員が図られている。また、開戦直前の天正十八年（一五九〇）二月十七日付で、北条家が、伊豆北部を管轄する家老笠原《かさはら》氏の家臣で、東岸地域の連絡役を務めた者に宛てた触書《ふれがき》には、

（読み下し）

去る辰《（天正八年）》三月に仰せ付けらるる一揆帳、弐百四拾人鑓、百七十余張弓、六百人、弓にて

も、鑓にても、鉄炮《てっぽう》にても、存分次第に是有る者は持ち出すべし、

とある（戦北三六五二）。伊豆北部では、天正八年三月に一揆帳なるものが作成されており、そこには鑓二四〇人、弓一七〇余人、用意できる武器なら何でもいい者六〇〇人が登載されていたことがわかる。

一揆帳というのは、まさに人改令に基づいて徴兵された者を記載した、徴兵台帳と推定される。作成時期の天正八年三月も、再び武田家との戦争が行われた時にあたり、伊豆は主な戦場の一つとなっていたから、武田家に対する防衛戦の展開にともない、作成されたとみなされる。そこに登載された人数は、一〇一〇人にのぼっている。これは、伊豆北部の東岸側についてのものであるから、その数は決して少なくない。

これをみれば、北条家による村落の武力を動員する仕組みは、それなりに機能したことがうかがわれる。こうした状況は、ほかの戦国大名でも確認することができる。戦国時代の後半に展開された、大規模な戦国大名同士の争覇戦が深まっていくなかで、大名の戦争に、その領国内に存在することを理由にして、村落の武力が動員される状況がひろがっていた。こうした状況こそ、村落＝民衆が、自らが帰属する政治領域＝国家というものを、

初めて認識した瞬間であった、と評価することができるであろう。

動員対象の拡大

北条家は、「御国」の論理に基づいた人改令をもう一度、発令する。それが、しばしば触れてきた豊臣政権との戦争時で、具体的には天正十五年（一五八七）七月に出している。ちょうどこの時は、北条家は豊臣政権との戦争に備えて「惣国防衛体制」作りとでも表現できるような、防戦体制の構築に取り組んでいた時期にあたる。そのなかで再び、本国地域について、民兵動員のシステムを作動させるのであった。

まず、七月二十二日・二十三日・二十六日付で、この時は隠居であった四代当主・北条氏政が、自身の「有效《ゆうこう》」朱印状で、相模西郡酒匂本郷・同三浦郡木古葉《きこば》（神奈川県葉山町）・武蔵小机領駒林（神奈川県横浜市）のそれぞれ小代官・百姓中宛てに出している（戦北三三四九～五〇・三三五三）。その子で五代当主の氏直は出陣を予定していたため、氏政が代わって政務にあたっていたとみなされる。それに続いて、七月晦日付の虎朱印状によって、相模西郡栢山《かやま》（神奈川県小田原市）の小代官・百姓中に宛てたものをはじめ、武蔵南部の江戸領・河越領にわたる村落に宛てたもの一六通が残存している（戦北三一三三～

小田原合戦時の北条家の領国図

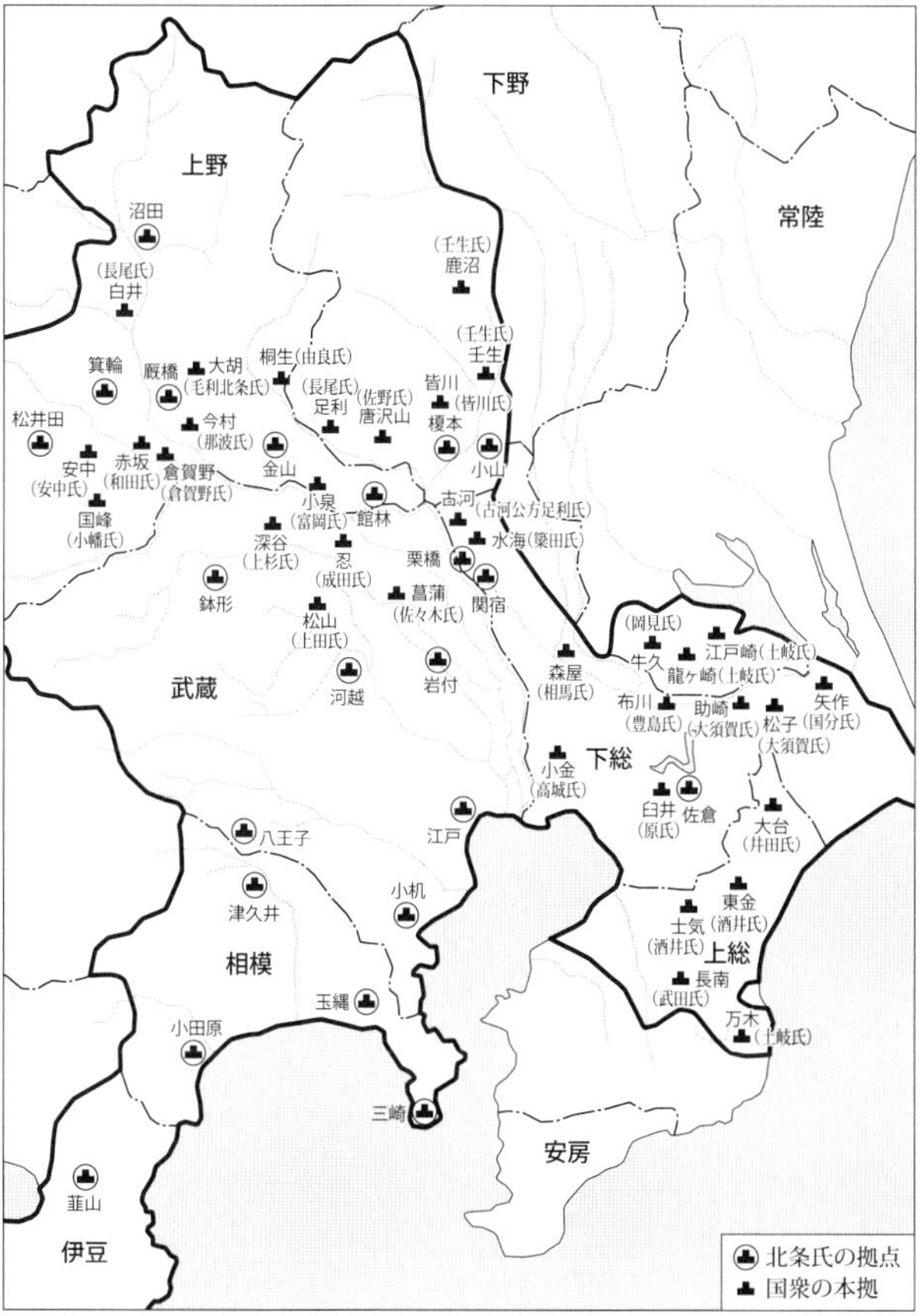

四八）。

内容は氏政朱印状のほうが具体的であり、先の武田家との戦争の際に出されたものにはなかった内容として、①動員は二十日であること、②動員対象の年齢は十五歳から七十歳までであること、③動員対象から除外されるのは、七十一歳以上の老人、定使（領主側への連絡係）、十五歳未満の少年、陣夫（戦陣への物資輸送係）・伝馬衆（人馬による運送業者）・船方衆（船による運送業者）、であるという。

このうち、動員対象の年齢に関して、先の武田家との戦争の際には明記されていなかったが、十五歳から六十歳までの成人男子である可能性が高いとみなされていた。だがここでは、対象年齢は七十歳まで拡張されている。また、動員日数に加え、動員から除外される存在が規定されていたこともわかる。除外されたのは、年齢対象外の者のほかは、戦争では別の役割にあたる人々であった。

続いて、七月晦日付の北条家朱印状の一例（戦北三一三三）の本文を示しておきたい。

（読み下し）

一、当郷において侍・凡下《ぼんげ》を撰《えら》ばず、自然《じねん》御国御用の砌《みぎり》、召し仕う者を撰び出さるべ

し、其の名を記すべき事、但し弐人、
一、此の道具弓・鑓・鉄炮三様の内、何成り共存分次第、但し鑓は竹柄にても木柄にても、二間より短きは無用に候、然らば権門《けんもん》の被官と号して陣役を致さざる者、或いは商人、或いは細工人類、十五・七十を切ってこれを記すべき事、
一、腰さし類のひら〳〵、武者めくやうに支度致すべき事、
一、よき者を撰び残し、夫同前（然）の者申し付け候わば、当郷の小代官何時も聞き出し次第に頸を切るべき事、
一、此の走り廻りを心懸け相嗜《あいたしな》む者は、侍にても凡下にても、望みに随い御恩賞有るべき事、

已上、

右、自然の時の御用也、八月晦日を限って、右の諸道具を支度致し、郷中の請け負い、其の人の交名をば来月廿日に触口に指し上ぐべし、仍《よっ》て件の如し、

（現代語訳）

一つ、この村で侍・凡下を区別せず、万一の御国御用の時は、召し遣う者を選出し、

その人名を記載しなさい。ただし、二人。

一つ、この武器は弓・鑓・鉄炮三種類のうち、どれでも考えの都合でいい。ただし鑓については竹柄でも木柄でも、二間（約三・六メートル）より短いものは無用である。そうなので有力者の家来であるとして陣役を務めない者、あるいは商人、あるいは職人であっても、十五歳から七十歳までを区切ってその人名を記載しなさい。

一つ、腰に差す刀などの「ひらひら」は、武士らしいものに用意しなさい。

一つ、能力のある者を選び残し、人足程度の働きしかできない者に言いつけた場合は、この村の小代官を、そのことの報告をうけ次第に斬首する。

一つ、この時に奔走を心がけ熱心に取り組んだ者には、侍でも凡下でも、要望の通りに御恩賞を与える。

右については、もしもの時の御用である。八月晦日を期限に、右の武器を用意し、村で請け負ってその人名を記載した台帳を来月二十日に触口に提出しなさい。

ここには、これまでにみられなかった内容として、①実際に動員される者の選抜は村に委ねること、②その人数を規定していること（この村落からは二人）、があげられる。人数は村落によって異なり、それは村高《むらだか》（村落への課税基準数値）に対応しているとみなされる。先の北条氏政朱印状が、動員対象すべての者の着到《ちゃくとう》を命じるものであったのに対し、続けて出されたこの虎朱印状では、さらに実際に動員される者の選抜を指令している、と理解できる。

この時に、民兵の動員の内容が前回と大きく異なっていると考えられるのが、動員対象の年齢が拡大されていることである。すでに触れたように、前回はおそらくは十五歳から六十歳までが対象で、それは村落における成人年齢に依拠するものであったとみなされる。ところが、ここではさらに十歳、延長されて、七十歳にまで拡大されている。それは動員できる人数を増加させたかったのであり、それだけ民兵の動員の確保が課題になっていたと思われる。

このように、北条家は滅亡の危機にあたって、「御国のために」という言説をもとに、村落に臨時の負担を強い、さらにはすでに戦争の動員がなくなっていた本国地域の村落にも臨時の軍事動員を行っていた。それは、北条家が領国内の村落に対して、その「成り立ち」の保証を一定程度、遂げていたことに基づくものであった。しかし、そうであるがゆえに、その保証を遂げられなくなると、村落はただちに見限った。小田原合戦において、豊臣軍の侵攻をうけた地域の村々は、相次いで豊臣軍に味方していった。それは、北条家が平和の確保を果たせなかったからである。

「御国のために」という言説によって、民衆は国家が求める戦争協力の動員に応じた。そのことは、国家が民衆の存立を果たしえている限りにおいて実現できたことが、ここに理解されるであろう。

第七章　公共工事の起源

公共工事の源流は「国役」

現代の社会において、社会インフラの整備は公共工事で担われている。それは、国民や団体から納められた税金を投入して、建設会社に請け負わせることで行われる。政府が直接、建設会社に発注して行う場合、また、政府から地方自治体に補助金などが交付されて、それをもとに地方自治体が建設会社に発注して行われる場合もある。さらには、地方自治体が地方税などによる税収をもとに、独自に建設会社に発注して行う場合などさまざまであろう。しかし、いずれも、国税・地方税という租税によって賄われ、それを財源として建設会社に請け負わせる、といった仕組みになっている。財源が国債・地方債といったものであっても、それらは将来、納税によって償還されるから、基本的な性格として異なることはない。

では、こうした公共工事の仕組みは、いつから始まったのであろうか。

中央政府が地方自治体に補助金を交付して、地方における公共工事を行う仕組みが作り出されたのは、明治二十年代後半、大日本帝国憲法（明治憲法）のもと、帝国議会（現在の国会）が開設された後のことである。ある地方出身の議員から、「統一日本」にもかかわらず、中央と地方の間で社会インフラの整備の度合いに格差がみられるのは不条理であり、同じ日本国民であるならば、社会インフラも等しく享受《きょうじゅ》できるよう整備されるべきと主張が出され、真に日本の統一を果たすためとして、導入された。それにより、建設会社を設立させて、そこに発注するというあり方がとられた（長妻広至『補助金の社会史』）。

それまで、地方の公共工事は、地方自治体で独自の財政によって行われていた。しかし、自治体によってその財政規模には大きな差があり、社会インフラの整備についても地域による格差がみられた。また、工事には地域の住民を雇用する仕組みがとられていた。しかし、近代社会の進展につれて、工場労働者などが増加していたから、工事に参加できる人はおのずと不足するようになった。実は、政府による補助金の交付、建設会社への発注というのは、そうした課題を解決するためにとられた措置であった。

それまでのように、地方自治体を主体にして行われていた公共工事の仕組みとは、その源流を江戸時代の藩（大名国家）にまでさかのぼることができる。江戸時代の大名国家では、城郭などの軍事・行政施設といった統治者の使用する公用施設だけでなく、道路、港湾、堤防、用水などの社会インフラの整備について、領国内の村・町から徴発された夫役、納められた税金をもとに、地域住民を雇用し、それを人夫にして行われていた。すでに民衆が利用する社会インフラは、民衆が納めた租税や労働力によって整備される仕組みになっていた。

それでは、この仕組みそのものは、いつからみられるようになったのであろうか。これも、その起源は戦国大名にあったといえる。そして、その具体的な状況が把握できるのもまた、北条家の事例である。北条家では、領国内の村落すべてに「国役」として、城郭の構築・維持のための労働力を負担させる大普請役を賦課していた。その役を、天正七年（一五七九）になると、地域の再生産を維持するための堤防工事に充てるようになっている。それは、公用施設だけでなく、社会インフラの整備に租税を投入するようになったことを意味している。

中世は受益者負担

支配権力が民衆から労働力を徴発し、公用施設を整備させる仕組みは、いうまでもなく古代からみられた。しかし、それは支配権力が利用する公用施設の整備のためであった。そのなかには古代官道《かんどう》などのように、民間人も使用できる場合もあったが、それはあくまでも支配権力が利用するためであった。したがって、支配権力が利用しなくなれば、それは整備されなくなり、やがて道路としても存在しなくなる。古代官道がその後の中世にほとんど継承されていないのは、そういう理由であった。

支配権力による民衆からの労働力の徴発は、基本的には自らが利用する公用施設の整備のためであった。そのこと自体は、明治時代になって建設会社に請け負わせる仕組みが成立するまで、変わることなく続いていた。そして、北条家の大普請役も、軍事・行政施設としての城郭の構築・修築のために設けられていたのであり、同様のことは、ほかの戦国大名、さらには江戸幕府でもあった。

また、北条家は村落に賦課した人足役によって、街道（幹線道路）の整備を行っているが、それは軍勢の通行を利便にするための、軍用道路の整備であった。同じことは、ほかの戦国大名から江戸幕府にもみられ、織田信長による領国や京都での街道整備、江戸幕府による街道整備などはその一例にすぎない。なお、このことが〝信長のすぐれた施策〟としてよく取り上げられるが、それは自らも使用するためのものにすぎず、ほかの戦国大名が行っていたことと何ら変わることはない。そのような評価を行う者は、単に戦国大名の領国支配の実態をよく知らないということにすぎない。

このように、支配権力による民衆からの労働力の徴発は、一義的には自らが利用する公的施設の整備のためであった。それからのち、民衆が利用する社会インフラの整備にも、租税が投入されるようになるわけだが、その推移のありように公共工事の成立をみることができる。実は、民衆が利用する社会インフラが、それまでどのような仕組みで整備されていたかといえば、受益者負担によるものであった。その施設が存在することで、それを利用する人、恩恵をうける人が、資金や労働力を提供するのである。

ちなみに、古代以来、そうしたものに寺院勢力が尽力した場合は少なくなかった。けれどもそれは一部にすぎなかったり、たいていは資金・労働力の調達の音頭をとるものであった。しかしそれでも、支配権力が取り組むことのない社会インフラの整備が、そのようなかたちで行われていたことは重要であるといえる。そして、戦国大名に始まる領域的な統治権力による公共工事の展開は、寺院勢力に代わって、それを統治権力が行うようになったと理解することもできる。

ともあれ、中世において、基本的にほとんどの施設は、受益者負担によるものと考えてよい。それは、街道、橋、港湾など、交通上の公共性の高い施設もそうであった。それらの施設の整備は、領主権力を含む、地元の社会集団によって行われていたと理解される。しかし、そこにかかる費用と労働力は極めて膨大であった。それを回収するための仕組みが、関所《せきしょ》などによる通行料の徴収や利用料の徴収であった。それら社会インフラは、いわば民間によって維持されていた。その維持のために利用料が徴収される、という仕組みであったと考えてよいだろう。

もっとも、この仕組みは現在でも所々でみられる。高速道路や有料道路、あるいは港湾や空港の使用料といった具合である。ただし、中世社会は自力救済の社会、武装社会であったから、関銭の支払いを拒否すれば、たちどころに荷物は奪われ、身ぐるみを剝がされて掠奪をうけた。そこは自力救済が凍結されている現代社会との違いといえる。

大普請役の仕組み

北条家が、軍事・行政拠点である城郭の構築・修築のための仕組みとしていたのが、大普請役であった。ただし、この大普請役には、与えられた所領に応じて家臣に負担させる所領役としてのものと、領国内のすべての村落に対し、村高に応じて負担させる「国役」としてのものとの二通りがあった。同じ名称のため紛らわしいが、負担するのが家臣なのか、村落なのかでどちらにあたるものか、判別することができる。

そもそも、城郭などの軍事施設の維持や管理は、まずはその城を守備する在城衆・番手《ばんて》衆によって行われるものであったが、周辺地域の民衆も動員された。築城そのものが大変な土木工事であるし、修築のための工事も大がかりであったから、在城衆だけではとてもできるようなものではなかった。もっとも、周辺の民衆がこういった普請に動員されるのは、すでに十二世紀後半の「治承《じしょう》・寿永《じゅえい》の戦争」から知られている。しかし、戦国時代がそれらと大きく異なるのは、城郭が恒常的に存在することで、民衆の普請への動員も恒常化するようになった、ということにある。

そうした城郭普請への動員について、北条家では、大普請役として村落を単位に賦課していた。すでに、初代・伊勢宗瑞の時、明応《めいおう》六年（一四九七）という早い時期から、その存在を確認することができる。そもそも戦国大名として存在するためには、そうした普請役の存在が不可欠であった、と理解される。また、その動員のあり方も無限定ではなく、すでにそこで「年中に定まる」とあるように、年間における動員数が決められていたことがわかる。ただし、当初は、年間における回数で決められていたらしい。それがのちになって、村落への課税基準額である村高をもとに、負担量が算出されるようになっている。

そこでの算出基礎を明確に示す史料はないが、およそ村高二〇貫文に一人、一人につき年間十日、というのが基準であったとみなされる。村高一〇〇貫文の村であれば、年間で五十日分の負担になる。また、動員されるのは、村落の成人男子、およそ十五歳から六十歳となっていた。負担者が規定より少なかった場合、担当の役人らはそれ以外の年齢の者を徴発することもあったらしい。それをうけてのことなのか、武田家では十五歳未満の子供と六十一歳以上の老人の徴発を禁止する命令を出している。これらから察するに、村落のほうでも、村落にとって有益な労働力であった成人男子を、わざと出さない場合があったのかもしれない。

ところで、一般の夫役の場合では、使役されるにともなって一定の手当が支給された。およそ一日につき一〇〇文（約一万円）が相場であったことがうかがわれる。しかし、この大普請役については、そもそも村落に賦課された規定の役として、そのたびに手当が支給されることはなかったようである。これとは別の「国役」であった陣夫役に対する手当とともに、あらかじめ村落に対して、公事免《くじめん》というかたちで手当分が控除されていたと考えられる。公事免は、年貢高からの控除分として計上されていた。ただし、規定の大普請役の枠を超えて徴発した場合には、一人一日二〇文の手当が支給されていた。

大普請役による動員の具体的な状況を知ることができる北条家の事例として、天正五年（一五七七）六月における江戸城（東京都千代田区）の夏普請があげられる（戦北一九二〇）。

江戸在城衆のなかで奉行衆が決められ、それらを中心に行われたが、さらに本拠の小田原城からは監督者として検使が派遣されている。そこでは、普請の期間を十日間と設定し、周辺の村々から四八〇人の人足を出させ、延べ四八〇〇人の動員を図っている。二〇貫文に一人の割合からすると、四八〇人というのは、村高九六〇〇貫文分からの動員に相当する。これは、二〇〇貫文の村高の村落でいえば、四八ヶ村分にあたる。一回の普請にもかかわらず、かなり大規模な動員であったことがうかがわれる。

普請は、一日中詰め切りで行われたようで、朝は夜明けに集合し、五つ太鼓（午前七〜九時）から作業が開始された。そして、作業は日没の鐘までとされている。奉行らは、不参の人足について帳面に記載し、六つ太鼓（午前五〜七時）を合図に普請庭《ば》に出て、作業を監督することとなっている。ちなみに、不参の場合には罰則が規定されており、一人一日の不参につき、五日の咎《とが》普請が科されることになっていた。

城郭に近い村人は、作業が終了すれば自宅に帰ったのであろうが、比較的距離のある村落ではそうはいかない。上野の金山《かなやま》城（群馬県太田市）では、世良田《せらた》（同）長楽寺の寺領民が普請に動員された際、普請庭に小屋懸《こやが》けして寝泊まりしているから、北条家の場合も同様であったろう。通いの場合でも、鍬《くわ》・簣《あじか》（土を運ぶのに用いる道具）などの普請道具は持参であったから、いずれにしても負担のかかるものであった。

「末代請切《まつだいうけきり》普請」の導入

もっとも、民衆による城郭普請はこうした大普請役だけではなかった。それ以外にも、「末代請切普請」と言われるものがあって、文字通り、永遠に担当が割り当てられていたものである。北条家の事例では、永禄六年（一五六三）六月十日付、相模玉縄領田名郷に宛てられた虎朱印状（戦北八一五）によって、その内容をよく知ることができる。

同郷は玉縄領に属し、普請も玉縄城についてのものである。ここでは、城塀の修築を割り当てられていた。田名郷が公事を賦課される際の基準額となっていた役高は、八〇貫文であったが、それに対して、玉縄城のうち、中城（いわゆる二の丸）の塀五間の修築が割り当てられている。そして、この修築を五年ごとに行うように命じている。

塀の修築に必要な資材として、男柱《おとこばしら》（太い柱）五本、小尺木《しょうしゃくぎ》一五本、間渡《まわた》しの竹一〇本、大和竹二〇束《たば》、縄三〇房、萱《かや》二〇把、すわたら（壁のなかに塗り込める藁束《わらたば》）三〇把が指定され、それぞれの規格も詳細に規定されている。それら資材については逐一、代金が明示され、その合計額三七五文は、懸銭という税金の一種の納入分から控除すると記されている。それらの資材は、あらかじめ村で用意するものの、費用は納入する租税（具体的には懸銭）から差し引くかたちになっている。

そして、どのような塀に仕立てるかについて、厚さは八寸、なかは石混じりの赤土とし、それを堅く突き固めるように指示されている。さらに、台風などが来た場合には、役人から催促しなくても自発的にやってきて修築すること、この塀修築は、村落として末代にわたって担当するものであることが示されている。また、人手間（必要な人数）については、一間につき四人とされ、五間では二〇人となる。そして、一日で作業をするように指示されている。しかし、この修築にあたっての負担は、上乗せされるのではなく、この年の大普請役から相殺された。二〇人（二十日）の負担とすれば、大普請役の年間二人分にあたる。

こうした末代請切普請は、ほかに江戸城でも確認されるから、北条領国では、領国支配の拠点の城郭すべてにこのような仕組みがとられていたと考えられる。いずれも塀となっているから、城塀について、こうした仕組みになっていたと考えられるかもしれない。

そもそも、このような末代請切という負担は、これ以前の天文十三年（一五四四）に、相模鎌倉（神奈川県鎌倉市）の鶴岡《つるがおか》八幡宮の宮中《きゆうちゆう》掃除の場合にみることができる。同社は、鎌倉時代から、関東武家政権の守護神という役割を担う関東有数の神社であった。一ヶ月に三度（のちに二度）の掃除が、同社周辺の鎌倉七郷に割り当てられている。また、年二回の池の掃除が、北条家がそれらの村落に賦課していた大普請役から相殺するかたちにされている。ここからは、こうした村落による末代請切の形態が、初めは寺社の維持の場合にみられ、それが城郭にも適用されるようになったことがうかがわれる。それは、ある意味で、社会における公共施設が、寺社から城郭に推移していったことをもうかがわせる。

葛西堤防の工事

大普請役は、城郭の構築や修理など、戦国大名の戦争のためのものであった。それが、天正年間（一五七三〜九二）になると、所領役としてのものと村落への「国役」としてのもの、そのいずれもが、本来の目的である城郭の普請以外にも転用されるようになる。

北条家が、大普請役を広域的な治水工事に転用させるようになったのは、まずは家臣に賦課していた所領役への適用からであった。そのことが端的にわかるのが、天正七年（一五七九）二月九日、下総の葛西《かさい》領と小金《こがね》領との間を流れる大井《おおい》川（現在の江戸川）の堤防工事を、葛西領（東京都葛飾区ほか）を支配する家老遠山政景《とおやままさかげ》とその家臣らと、対岸の小金領（千葉県市川市ほか）を支配する国衆の高城胤辰《たかぎたねとき》に対して、普請を命じている虎朱印状である（戦北二〇五二）。

（読み下し）

葛西堤の事、郷々の多少、大途《だいと》の帳面の如く、各《おのおの》申し合わせ、間数を定め、早々に
これを築き立てらるべき者也、仍て件の如し、

己卯《つちのとう》（天正七年）

二月九日（虎朱印）　山角紀伊守《やまかどきいのかみ》（定勝《さだかつ》）これを奉《うけたまわ》る

遠山甲斐守《かいのかみ》（政景）殿

同千世菊《ちよぎく》（直景《なおかげ》）殿

遠山同心衆中

高城下野守《しもつけのかみ》（胤辰）殿

（現代語訳）　※本文のみ

葛西堤について、村高の多少を、「大途の帳面」の内容に基づいて、それぞれが担当する間数を取り決めて、急いで堤を築きなさい。

ここで北条家は、葛西領支配を担当していた家老の遠山政景、その嫡男の千世菊（のち直景）、遠山家の同心衆（遠山家に配属されている北条家の直臣）、それに小金領の国衆・高城胤辰に、葛西堤の構築を命じている。工事は、各自が担当する間数（長さ）を取り決めて行われるものとなっていて、その間数は、村高の多少を「大途の帳面」の内容に基づいて取り決める、というものであった。

この村高は、村高をもとにしている所領高か、村高そのものをいうのかで、賦課対象が家臣か、村落かの理解が異なってくる。しかし、国衆の高城胤辰にも命じられていることを考慮すると、北条家が国衆領国の村落に直接に公事を賦課する事例はないことから、ここでは所領高を対象にしたもの、すなわち所領高に応じて、家臣に賦課する所領役としてのものであったと理解しておきたい。そうすると、その数字の根拠とされた「大途の帳面」の内容も、家臣の所領高とそれに賦課する所領役の内容を規定した、「所領役帳《しょりょうやくちょう》」と称される帳簿のことであろう。

そのように理解すると、ここでの葛西堤構築の工事は、葛西領支配を担当する遠山家とその家臣、小金領を支配する国衆・高城家の家臣によって行われたとみなされる。それぞれの領域の支配者に、工事を命令するものであった。北条家が遠山家に負担させた大普請役は、遠山家が在城していた葛西城の普請に充てられるものであり、場合によっては北条家の本拠・小田原城をはじめ、ほかの軍事拠点や遠方の在番城郭について行われるものであったが、ここでは支配担当領域の堤防工事に充てられた。他方の高城家には、北条家が負担させる恒常的な普請役はなく、臨時に小田原城や在番城郭について行わせたにすぎない。それをここでは、同様に支配領域の堤防工事に充てさせた。

いずれも、北条家に負担させるものを、北条家は、それぞれの支配領域での治水工事に転用させることにしたのであった。それはおそらく、流域の村落や領主によるそれまでのような受益者負担による方法では、対処できない事態が生じていたのであろう。北条家は領国全体の統治者として、大井川流域の再生産維持のため、本来は軍事のためのものであった、家臣による大普請役をそれに充当することにしたと考えられる。

荒川堰《せき》の工事

北条家は続いて、村落に賦課していた大普請役も、治水工事に転用させている。それは、翌天正八年七月二日付で、武蔵岩付《いわつき》領（埼玉県さいたま市周辺）井草《いぐさ》郷（埼玉県川島町）細《ほそ》谷《や》刑部《ぎょうぶ》左衛門《さえもん》（資満《すけみつ》）・百姓中に宛てた虎朱印状にみることができる（戦北二一八三）。

（読み下し）

当年辰歳《たつどし》大普請人足五人、去年水入りに付いて、春・夏をば用捨《ようしや》を加え候、然るに荒川の堰、只今これを成し候人足不足し候間、申し付け候、如何様《いかよう》の水入りの郷村に候共、大普請においては古来致し来る儀に候間、少しも遅々無く、領主・百姓相弁《わきま》え、来る七日に荒川端へ集まり、立川伊賀守《たちかわいがのかみ》申す如く、中十日普請これを致すべし、又人足数を召し連れ、一日の内に致し果つるべきも、郷村の随意に候、此の儀無沙汰に至りては、領主・百姓共に曲事《くせごと》たるべく候、水前に一刻も相急ぐ儀に候間、遅々無く罷り出でるべき者也、仍て件の如し、

庚《かのえ》辰（天正八年）

七月二日（虎朱印）

井草細谷刑部左衛門

百姓中

（現代語訳）　※本文のみ

今年辰年の大普請人足五人は、去年は水害をうけたため、今年の春・夏に徴発することは控えていた。けれども、荒川の堰で現在、その工事にあたっている人足の数が不足しているので、それに従事することを命じる。どれだけ水害をうけた村落であったとしても、大普請役は古来勤めてきていることなので、少しも遅れないで、領主・百姓は負担し、来る七日に荒川端に集合し、立川伊賀守の指示通りに、中十日の普請を勤めなさい。また人足を多く引き連れて、一日で勤めおわるようにしても、それは村落の考えに任せる。このことをおろそかにしたならば、領主・百姓ともに処罰する。水害になる前に一刻も急ぐことであるので、遅れないで出てきなさい。

ここで、北条家は岩付領の井草郷に、大普請役として荒川（現在の元荒川）堰の修復にあたることを命じている。岩付領での村落に対する大普請役は、本来は同領の支配拠点である岩付城の修築に充てられるものであった。それが、同領国内の荒川堰の修築工事に向けられている。ちなみに、負担を命じられた井草郷は入間《いるま》川（現在の荒川）流域に所在する村落であり、ここでの荒川堰工事によって直接に利益をうける関係にはない。

岩付領関係地図

また、この命令は、すでに荒川堰の工事は行われていたが、普請にあたる人数が不足していることから、井草郷にも命じられたということがわかる。そうするとおそらくは、すでに工事にあたっている人足というのも、大普請役によるものであっただろうし、それは荒川流域に所在する村落から充てられていたことが推測される。しかし、それでも人数が不足しているので、当流域とは関係のない井草郷にも命じることになったので

あろう。
そして、その理由というのが「水前に一刻も相急ぐ」ためであった。命令が出された七月二日は、現在の太陽暦でいえば八月にあたる。「水前」というのは、台風への備えを意味していよう。台風によって大雨が降る前に堰工事を完成させなければ、洪水災害が生じるため、北条家は一刻も早く工事を完成させようとしていたことがわかる。

同様のことは、それから四年後の天正十二年にもみられる。同年二月八日付で、岩付領の八林《やつばやし》（埼玉県川島町）道祖土図書《さいどずしょ》分・百姓中宛と、先と同じく井草細谷三河守《みかわのかみ》（資満）分・百姓中宛で、二通の北条氏房朱印状が出されている（戦北二六二二～二三）。この時期、岩付領の支配は、当主氏直の弟の氏房が岩付城主として担っていた。ここで氏房が朱印状を出しているのはそのためである。前者の朱印状を掲げよう。

（読み下し）
去年未歳《ひつじどし》大普請人足壱人、御用無きに付いて召し仕われず候、箕田《みのだ》郷堤水堰のため仰せ付けらるる間、来る十九日に鍬・簣を持ち、箕田郷へ集まり、廿日より廿九日まで十日、奉行申す如く普請致すべく候、朝は天明は則《そく》出て、日の入りを切ってこれを致すべし、遅々致し罷り出でる者は、欠如として、一日遅参五日召し仕わるべし、是は惣国の法に候間、其の旨を存じ、咎普請致さざる様に、早天よりこれを致すべき者也、仍て件の如し、

甲申《きのえさる》（天正十二年）
二月八日（「心簡剛」朱印）
八林道祖土図書分
百姓中

（現代語訳）　※本文のみ

去年未年の大普請人足一人は、御用が無かったので召し遣うことはなかった。（その分として）箕田郷堤の水堰の工事にあたることを命じるので、来る十九日に鍬・簀を持参して、箕田郷に集合し、二十日から二十九日まで十日間、奉行の指示の通りに普請を行いなさい。朝は日の出を、晩は日没を区切りに普請を行いなさい。遅れて出頭してくる者には、不足の穴埋めとして、一日の遅参について五日召し遣うことにする。これは「惣国（北条領国全体）」の法なので、その内容を心得て咎普請をすることのな

いように、早朝から普請を行いなさい。

ここで、北条氏房は岩付領内の八林郷と井草郷に対して、前年に未消化であった大普請役の分について、箕田郷《みのだ》（埼玉県鴻巣市）の水堰の工事を命じている。箕田郷は岩付領の北端に位置し、荒川（現在の元荒川）流域にあった。その水堰というのは、箕田郷で荒川から用水を取り入れる用水堰のことと思われる。その用水路によって、岩付領の村々の灌《かん》漑《がい》が行われていたのであろう。その用水堰の修築工事を命じるものであった。おそらくは、先にみえていた荒川堰と同じものであったと思われる。

命令が出された二月八日は、現在では三月にあたる。ちょうどこの時期は、四月頃からの耕作開始のために準備が始められる時で、その準備の一つに用水路の整備があった。堰の修理や用水路の溝掃除などである。したがってここでは、勧農のための工事に大普請役を充てているものと認識できる。そしてこの八林郷も、井草郷と同じ地域に所在する村落で、入間川（現在の荒川）流域にあり、ここで工事を行う箕田郷の用水からは何の利益もうけない関係にあった。

北条家ではこのように、同じ岩付領という領国の内ではあったが、自村とは直接には関係しない治水工事を、大普請役を充てて行わせるようになっていたことがわかる。だが、堤や堰の修復は、その流域の諸村にとってみれば「村の成り立ち」を左右する死活問題であった。それらの修復は、流域の諸村では十分に対応できなかったため、大名にそのことが要請されたのであろう。そして大名は、本来は軍事目的であった大普請役を充当して、そのことにあたったのである。

災害対応から生まれた公共工事

ここに、大名が領国内の諸村の「成り立ち」を維持するため、広域におよぶ治水事業をも担うようになり、さらにはそのことに大普請役という領国の平和維持のための負担をもって充当していたことがわかる。このことはすなわち、平和維持が広域におよぶ「村の成り立ち」の維持に等値されていること、それを領国内の共同負担によって実現していると理解される。こうした治水工事のあり方は、まさに現代における公共工事の原型にあたるとみることができる。公共工事は、戦国大名が広域におよんで「村の成り立ち」を保証しようとするなかで生み出されたものであった。

では、北条家はどのような理由から、この仕組みを生み出したのであったのだろうか。

一言でいえば、災害対応のためであった（佐脇敬一郎「戦国期の水害と城普請・治水工事」拙編『北条氏政』所収）。北条家が、家臣への所領役としての大普請役を、葛西堤の工事に充てたのは、天正七年（一五七九）二月のことであった。次いで、村落への「国役」としての大普請役を荒川堰の工事に充てたのは、翌同八年七月のことであった。

天正六年五月に水害があり、東海地方では大きな被害が出て、戦国大名・国衆は破損した城郭の修築にあたっている。それは翌同七年に入っても継続された。北条家も各地の城郭を修築しているが、その一方で、葛西堤の修築も行った。これも、前年の水害への対応の一環で行われたと考えられる。さらにいえば、勧農のための用水施設の整備を図ったものでもあったかもしれない。しかし、その天正七年の六月から八月にかけて、関東・東海は再び大規模な洪水に襲われる。岩付領井草郷に対して、「去年水入り」と記していたのは、その水害を指している。そして、その年も同様、戦国大名・国衆は破損した城郭の修築をさかんに行っている。それからその翌年、ついに北条家は村落への大普請役を治水工事に充てて行ったのである。

このようにみると、水害が相次いだことをうけて、まずは家臣への大普請役を治水工事に転用し、その後はそれでも対応できなくなったために、村落への大普請役を治水工事に転用するようになった、という経緯がみえてこよう。そして、それらの治水工事は領国における「村の成り立ち」のため、不可欠のものであった。こうして北条家は、立て続いた災害への復興対策や対応のために、平和維持の負担として、領国すべての村落から徴発していた租税を、領国が再生産できる構造の維持に充当するようになった。ここに民衆の存立を保証する社会インフラの整備を税金によって賄うという、公共工事のあり方が成立をみたと認識される。

そして、続く江戸時代には戦争が停止されたことで、普請役が城郭に充てられることの割合が低下し、その分、治水工事などの社会インフラの整備に振り向けられていく。さらには、本来、村落独自で行うべき村内の用水の整備にも充当されるようにもなっていった。そうして公共工事は普遍化していったとみることができる。

おわりに——戦国大名と現代国家のつながり

本書では、ここまで七章にわたって、現代の国民国家による国民統治の内容・方法のうち、戦国大名権力に原点を持つとみなされるものについて、取り上げてきた。もちろんそうした内容は、ここで取り上げたものにとどまるものでない。たとえば、すでに拙著『戦国大名』でも取り上げた、国境観念の成立や国境での出入国管理などもあげられる。本書で注目したのは、領域国家の内部において作動する、国民・領民に対する統治の具体的な内容を中心にしたものとなる。

その結果としてみえてきたことは、現代国家の統治内容・方法には、戦国大名権力においてて創出されたものが多く継承されている、ということであろう。戦国大名権力は、列島史上において初めて誕生した領域国家であった。その国家としての機能が、現代の国民国家にも継承されていることはすなわち、それらの機能は領域国家に備わる特質として認識されることになる。

現代日本国家の性格・機能をさかのぼって認識しようとした場合、たいていは近代国民国家としての出発点となる明治国家にとどまることが多い。たしかに近代以降の社会主体は個々の国民であり、それ以前の社会においては家・村・町という共同体・集団であったから、社会主体の単位に決定的な違いがある。しかし戦国大名の統治内容・方法が、現代国家にも継承されていることをみると、社会主体の違いを差し置いてもなお、領域国家が備える特徴については、さらにさかのぼることが可能になる。そしてそこでの出発点に位置するのが、戦国大名国家であったと認識できることになろう。

明治以降の日本国家をさかのぼって認識する場合に、前近代における「日本国」を対象に考えられることもある。しかしながら現代国家の基本的性格が、戦国大名国家に起源を持っていると認識すると、前近代の日本国の性格は、近代国家の前提に位置するものではなく、全く異なる性格のものと認識しなければならないことがわかる。もしかしたら前近代の日本国の機能のなかに、現代国家の本質を形成するものとして継承されているものもあるかもしれない。しかしそれについては現在、歴史学研究において、いまだ明確に提示されてはいないと思われる。

その場合に、十分に留意しておきたいことは、統治権力と民衆との直接的関係性という観点を基点に据えて認識することであり、それに照らして、統治権力と個々の領主権力とについて、その性格を明確に弁別して認識すること、である。ここを混同したままにしてしまうと、戦国時代における領主権力の性質変化という事態が全くみえなくなってしまうことになる。

本書において取り上げた納税通知書の成立や未納分の債務化などは、戦国大名国家が登場する以前にも、すでに室町時代に、個々の領主権力でも採用されていた。それらと戦国大名国家との本質的な相違は、戦国大名国家は統治権力であり、そこに個々の領主とは決定的な違いがある。それゆえに戦国大名が、個別の所領支配においてではなく、領国全域を対象にした統治権力として、それらの方法を採用したことに大きな画期が認められるのである。それが現代国家にまで継承されていることが重要と認識される。

それだけではない。戦国大名国家においては、個々の領主としてのあり方も、それ以前における領主とは、根本的に性格が異なるものになっている。戦国大名国家における領主とは、大名家から所領を与えられた家臣・寺社であり、所領支配に自律性は存在していたものの、根底の部分では大名家から規制をうけていた。それに対して室町時代までの領主は、領主支配の実現はあくまでも自力に依存し、その内容も、時に自らの財政維持を優先して、村落を破壊させてしまうこともあった。そうした領主の基本性格は、その後の戦国時代以降でも変わることはないが、戦国大名国家では、目安制でみたように、それが抑止される仕組みが創出されていたのであった。

戦国時代以前において、戦国大名と対比される統治権力とは、すなわち室町幕府・鎌倉府・鎌倉幕府・朝廷などであり、戦国大名の家臣が個々の領主権力に相当する関係にある。しかしこのことは、中世史研究者の多くでも十分に認識できていないようである。前近代日本の国家としては日本国のみを認識し、戦国大名国家をそれ以前の個々の領主レベルとみなして認識する向きもある。また前近代日本国について、国家権力の強制性を認識しているような見解も多い。しかしそれらは現代国家の機能を無意識のうちに過去の日本国に反映させた認識でしかない。そもそも統治権力や個々の領主が個々の民衆を支配していたという認識にあること自体が、前近代社会を十分にとらえきれていない。

もちろん前近代における日本国としての政治的共同性を認識し、そこにみられた政治文化による後世への影響を否定するつもりはない。何しろ明治国家は「王政復古」をスローガンに掲げて誕生したものであり、それが以後の展開に大きな桎梏《しっこく》となっていて、それは天皇制の存続やそれにまつわる諸制度や意識など、現在にも影響をおよぼしている。けれどもそのことは、現代日本国家を装う政治的表現性として認識し、問題にすることであり、現代国家が有する基本的機能の歴史的前提を把握する行為とは、別物である。前近代社会を追究する際は、その問題が現代社会のどの側面につながる性格のものなのか、十分に自覚することの大切さが、あらためて認識されよう。

領域国家の特質は、領域内部で生み出された富を租税として徴収し、国家財政を構築することを基本にする。そして領域国家として存立するためには、領域内部では「平和」が確保される必要があった。領域内部での戦争は、すなわち内戦であるが、その状態では対外戦争を行う政治権力として存在することはできない。領域国家として存続するうえでは、内部における平和確立は前提の事態になる。そもそも戦国大名国家は、対外戦争のために構築された権力体であることからすれば、領域国家とはすなわち、対外戦争のための政治共同体であったことが認識されるであろう。

本書を通じてみてきた戦国大名による領国統治には、領主と村落との紛争、村落同士の紛争を抑止するさまざまな政策が採られていた。それは村落・百姓が、大名家に租税を負担することができる状態を維持するために、その妨げになる紛争を制御しようとするものであった。村落・百姓からの租税が基本になるからこそ、その「成り立ち」を維持しなければならなかったのであった。そのスローガンが「禄寿応穏」であり、その反面として、やがて村落・百姓に国家への奉公を要求する「御国の論理」が生み出されたのであった。

それらの事態は、ほぼそのまま現代の国民国家にも当てはまる。現代日本国家・社会の特徴とその歴史的形成過程を解明することは、前近代日本史研究者しかなしえない営為である。本書における叙述を通じて、現代国家が具有する特徴の多くに、領域国家としてのものがみられることが認識されたことであろう。そしてその原点は、列島史上で初めて領域国家として登場した戦国大名国家にあることを認識できたことだろう。

このことによって、現代国家と国民との関係について、戦国大名国家、続く江戸時代の大名国家と照らし合わせながら認識することの必要性、そして逆に、それ以前における国家と民衆の関係について、現代とは本質的に異なるものとして認識することの必要性が、明確になったことと思う。

あとがき

本書がテーマとしたのは、戦国大名北条家を素材に、戦国大名国家と現代社会との継受性を明らかにし、指摘することである。もっともそのような観点からはすでに、「はじめに」でも示したように、『戦国大名の危機管理』をはじめ、『百姓から見た戦国大名』『戦国大名』において提示してきたものになる。そのため本文における具象部分については、それらで記している内容と変わらない部分も多い。そのため部分的には、既読感を持つところもあったかもしれない。同じ事例を取り上げているのであるから、同じような叙述になるのは当然でもあろう。

しかしそのうえで本書を執筆しようと思ったのは、戦国大名の歴史的特徴を、前代社会との対比、そして現代社会との対比で、より明瞭に示したいという意識からであった。それまでの前作では、テーマの問題、分量の問題から、それらの部分について十分な叙述を展開することはできなかったという恨みがあった。ところが勤務先の大学での一般教養的な内容の講義や、市民向け講座での講演を重ねていくなかで、歴史学の勉強を専門にしていない人々に向けて語る際に、それらを提示する重要性の認識が強まっていった。とりわけ一般学生からは、初めて歴史を勉強する意味がわかった、という感想を数多くもらっていた。そこで講義や講座で口頭で語っていた内容を、あらためて文章にしようと思ったのである。

直接の切っ掛けを述べよう。昨年の年末に、ある民法テレビの特別番組に出演したことがあり、出演者一人ひとりに、もっとも関心のある戦国武将とその理由は何か（正確には1位になるのは誰か、であったが）が問われ、そこで私は、世間性も考慮して「北条氏康」をあげた。収録ではその理由を述べた部分があったが、放送では見事にカットされた。しかしその発言内容は、まさに本書で述べた、現代の統治システムの基礎を作った、というものであった。そのことにほかの出演者すべてから、驚きをもって反応された。なかには、なんでそのことが教科書に出ていないのか、という発言もあった。それに接して、戦国大名研究の成果が、いまだ一般社会にはほとんど浸透していないという現実を否応なく認識させられた。

歴史研究の成果を世間に発信するのもまた、歴史学者の重要な仕事の一つである。しかし中世から近世への社会の内容については、世間ではいまだ一九七〇年代に構築された歴史像が一般的なままになっているのが現実であった。一九八〇年代から、その克服が取り組まれるようになり、新しい歴史像も示されるようになってはいたが、それらはいまだ世間一般には届いていないのであった。それからすでに四〇年が経とうとしているにもかかわらずである。確かにその間にも、新たな歴史像を織り込んだ通史や講座も刊行されてはいる。しかし本質的なところでは、従来の歴史像を根本的に克服しえていないといわざるをえない。それゆえにそれまでの歴史像が基本であり続けているのであろう。

そうであるならば、現在そしてこれからの歴史学者は、良質の研究成果を、現在社会の観点を十分に意識したうえで、一般世間にも理解可能な内容で、発信していくことを、これまで以上にこころがける必要があろう。本書の刊行は、私にとってその一つのこころみである。新たな歴史像の浸透に少しでも寄与すること、そして現代社会を認識するうえでささやかながらも一助になることを願っている。

最後になったが、刊行にあたっては、平凡社の坂田修治さんにこれまで変わらずお世話になった。また編集に関しては、新書編集部の濱下かな子さんにお世話になった。歴史に詳しくないような読者に向けて、文章表現など多くについて修正し、読みやすくしていただくなど、大変にお世話になった。あらためて御礼を申し上げます。

二〇二〇年七月

黒田基樹

主要参考文献

有光友学『戦国史料の世界』（中世史研究叢書14　岩田書院、二〇〇九年）
同　編『戦国期印章・印判状の研究』（岩田書院、二〇〇六年）
稲葉継陽『戦国時代の荘園制と村落』（校倉書房、一九九八年）
同『日本近世社会形成史論——戦国時代論の射程』（校倉書房、二〇〇九年）
勝俣鎮夫『戦国法成立史論』（東京大学出版会、一九七九年）
久保健一郎『戦国大名と公儀』（校倉書房、二〇〇一年）
黒田基樹『戦国大名北条氏の領国支配』（戦国史研究叢書1　岩田書院、一九九五年）
同『中近世移行期の大名権力と村落』（校倉書房、二〇〇三年）
同『百姓から見た戦国大名』（ちくま新書618、二〇〇六年）
同『戦国大名——政策・統治・戦争』（平凡社新書713、二〇一四年）
同『戦国大名の危機管理』（角川ソフィア文庫、二〇一七年［初版、吉川弘文館、二〇〇五年］）
同『北条氏康の妻　瑞渓院』（中世から近世へ　平凡社、二〇一七年）
同『北条氏政——乾坤を截破し太虚に帰す』（ミネルヴァ日本評伝選179　ミネルヴァ書房、二〇一八年）

同『北条氏康の家臣団』（歴史新書y81　洋泉社、二〇一八年）
同『戦国北条五代』（星海社新書149、二〇一九年［初版、新人物往来社、二〇〇五年］）
同『今川氏親と伊勢宗瑞――戦国大名誕生の条件』（中世から近世へ　平凡社、二〇一九年）
同『戦国大名・伊勢宗瑞』（角川選書624、二〇一九年）
同『北条氏綱――勝って甲の緒をしめよ』（ミネルヴァ日本評伝選209　ミネルヴァ書房、二〇二〇年）
同「戦国大名の民衆動員」（『歴史学研究』八八〇号、二〇一一年）
同編『北条氏康』（シリーズ・中世関東武士の研究23　戎光祥出版、二〇一八年）
同『北条氏政』（シリーズ・中世関東武士の研究24　戎光祥出版、二〇一九年）
佐脇栄智『後北条氏の基礎研究』（吉川弘文館、一九七六年）
同『後北条氏と領国経営』（吉川弘文館、一九九七年）
佐脇敬一郎「戦国期の水害と城普請・治水工事」（黒田基樹編『北条氏政』所収）
塚本　学『生きることの近世史――人命環境の歴史から』（平凡社選書215、二〇〇一年）
長妻広至『補助金の社会史――近代日本における成立過程』（人文書院、二〇〇一年）
西戸雄一郎「未進年貢諸役に関する規定と戦国大名――武田氏・北条氏を事例として」（黒田基樹編『北条氏政』所収）
則竹雄一「北条領国下の年貢・公事収取体系」（藤木久志・黒田基樹編『定本・北条氏康』所収、高志書院、二〇〇四年）

長谷川裕子『戦国期の地域権力と惣国一揆』（中世史研究叢書28　岩田書院、二〇一六年）
藤木久志『戦国社会史論』（東京大学出版会、一九七四年）
同『豊臣平和令と戦国社会』（東京大学出版会、一九八五年）
同『村と領主の戦国世界』（東京大学出版会、一九九七年）
同『新版　雑兵たちの戦場』（朝日選書777、二〇〇五年）
同『刀狩り』（岩波新書965、二〇〇五年）
山口　博『戦国大名北条氏文書の研究』（戦国史研究叢書4　岩田書院、二〇〇七年）
同「後北条領の『納法』に関する若干の問題について」（『郷土神奈川』二六号、一九九〇年）

【著者】
黒田基樹（くろだ もとき）
1965年生まれ。早稲田大学教育学部社会科地理歴史専修卒業。博士（日本史学）。専門は日本中世史。現在、駿河台大学教授。著書に『戦国大名の危機管理』（角川ソフィア文庫）、『百姓から見た戦国大名』（ちくま新書）、『戦国北条五代』（星海社新書）、『戦国大名北条氏の領国支配』（岩田書院）、『中近世移行期の大名権力と村落』（校倉書房）、『戦国大名』（平凡社新書）、編著に『北条氏年表』（高志書院）、『鎌倉府発給文書の研究』（戎光祥出版）、監修に『戦国大名』（平凡社別冊太陽）など多数。

平凡社新書958

戦国北条家の判子行政
現代につながる統治システム

発行日——2020年10月15日　初版第1刷

著者——黒田基樹
発行者——下中美都
発行所——株式会社平凡社
東京都千代田区神田神保町3-29　〒101-0051
電話　東京（03）3230-6580［編集］
東京（03）3230-6573［営業］
振替　00180-0-29639
印刷・製本—株式会社東京印書館
装幀——菊地信義

ISBN978-4-582-85958-4
NDC 分類番号210.47　新書判（17.2cm）　総ページ240
平凡社ホームページ　https://www.heibonsha.co.jp/